CINTHIA DALPINO

DEMI LOVATO
EDIÇÃO ESPECIAL PARA FÃS

São Paulo
2015

© **2015 by Universo dos Livros**

Todos os direitos reservados e protegidos pela Lei 9.610 de 19/02/1998.

Nenhuma parte deste livro, sem autorização prévia por escrito da editora, poderá ser reproduzida ou transmitida sejam quais forem os meios empregados: eletrônicos, mecânicos, fotográficos, gravação ou quaisquer outros.

Diretor editorial: **Luis Matos**

Editora-chefe: **Marcia Batista**

Assistentes editoriais: **Aline Graça e Rodolfo Santana**

Preparação: **Bárbara Prince**

Revisão: **Viviane Zeppellini**

Arte e capa: **Francine C. Silva e Valdinei Gomes**

Imagem de capa: **Harry PluvioseÂretna.com/Retna Ltd./Corbis/Latinstock**

Dados Internacionais de Catalogação na Publicação (CIP)
Angélica Ilacqua CRB-8/7057

D157
    Dalpino, Cinthia
    Demi Lovato : edição especial para fãs / Cinthia Dalpino.
    – São Paulo : Universo dos Livros, 2014.
    160 p.

    ISBN: 978-85-7930-825-3

    1. Cantoras – Estados Unidos - Biografia I. Título

14-0932   CDD 927.8164

Universo dos Livros Editora Ltda.

Rua do Bosque, 1589 – Bloco 2 – Conj. 603/606

CEP 01136-001 – Barra Funda – São Paulo/SP

Telefone/Fax: (11) 3392-3336

www.universodoslivros.com.br

e-mail: editor@universodoslivros.com.br

Siga-nos no Twitter: @univdoslivros

SUMÁRIO

1.	Introdução	**5**
2.	Infância: a luz de uma criança	**7**
3.	Os contrastes da adolescência	**17**
4.	Entre a música e as câmeras	**27**
5.	A relação com Joe: um verdadeiro conto de fadas?	**46**
6.	Assumindo a própria escuridão para ressurgir como fênix	**50**
7.	Influências e estilo	**71**
8.	The X Factor	**82**
9.	Discografia	**86**
10.	Turnês	**99**
11.	Filmografia	**113**
12.	Prêmios	**116**
13.	Questões familiares e causas sociais	**120**
14.	Religião	**130**
15.	#Demifacts	**132**
16.	Demi no Brasil	**136**
17.	Posicionamentos de Demi	**140**
18.	Amando-se	**152**
19.	Quem é Demi	**155**

Tim Mosenfelder / Contributor

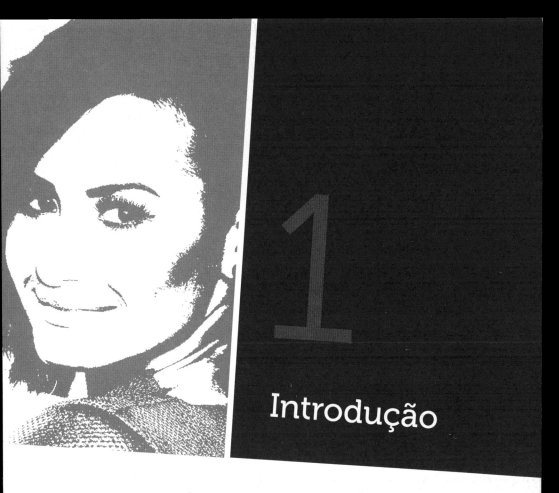

Introdução

Nos pulsos, uma tatuagem não a deixa esquecer: *Stay Strong*, permaneça forte. Eternizando na pele aquilo que está gravado no coração, Demi Lovato já provou sua força. Ela tem a capacidade voraz de se reinventar, dar o melhor de si e deixar florescer o que há de mais bonito em seu interior. Dentro dela pulsa algo maior, que poucos artistas tiveram coragem de extravasar.

E Demi tirou os véus. Não maquiou a mentira com palavras sem sentidos e expôs para o mundo suas dores, seus medos e suas angústias, o que muitas famílias escondem sob o tapete. Cresceu e se tornou mulher diante das câmeras, despedaçando tudo o que tentava destruí-la, trazendo à tona segredos terríveis que a sufocavam, mas a libertaram à medida que foram revelados.

Por meio da arte, reproduziu e transformou seu sofrimento.

A sombra, oculta, pode se tornar um monstro. Mas ela colocou luz na própria escuridão, se tornou uma fênix e ressurgiu das cinzas, mais forte. Talvez por isso não tema ninguém, apenas a si mesma, porque sabe que é a única que pode se destruir, e percebeu isso a tempo de se modificar. Demi tem a chave da salvação e a empresta generosamente a todos aqueles que estão dispostos a viver uma nova vida e a entrar pelo portal da maturidade emocional.

Uma menina que cresceu sob holofotes e percebeu que a fama poderia traí-la, que a inveja teria ares macabros. Aquela doce menina, que confiava cegamente em todos, se desapontou com a vida. Em casa, não soube lidar com os problemas e se afastar das pessoas só aumentou sua insatisfação. A adolescência foi vivida nos palcos mas, mesmo assim, muito solitária e sofrida, com altos e baixos. Baixos que só ela conhecia.

Demi mergulhou nas profundezas de um mar revolto.

Antes de se afogar, pediu ajuda e tornou pública sua batalha. Mostrou ao mundo o que poderia tê-la destruído, e fez daquilo sua maior força. Se antes ela escondia seus medos e as maiores inquietações da alma, depois se tornou porta-voz dos desesperados. E inspirou muitas meninas no mundo a libertar o grito silencioso que não calava.

STAY STRONG

Demi permaneceu forte e reconstruiu seus sonhos e sua vida. Tatuou no corpo o sentimento que conseguiu cicatrizar dentro de si.

Você agora vai entender toda essa trajetória: suas forças, fraquezas e polaridades que foram motivos para uma transformação tão intrínseca. Demi é uma fênix, ressurgindo a cada passo em uma constante metamorfose. E você está prestes a conhecê-la.

2
Infância: a luz de uma criança

Era a segunda gravidez de Dianna.
Ela e Patrick estavam apreensivos pois era apenas o oitavo mês de gestação e a criança já dava sinais de que gostaria de nascer. Não ia esperar porque não tinha paciência. Ela queria viver intensamente e chorar aqui fora, a plenos pulmões.

Talvez essa tenha sido a primeira prova de que Demi não era uma garota comum. Escolheu desafiar seus pais e nascer antes do tempo. E contrariá-los, nascendo do sexo feminino, quando eles acreditavam que teriam um menino, a quem chamariam de Dylan.

Naquela tarde de quinta-feira, em Albuquerque, no Novo México, uma mulher dava entrada no hospital, sem imaginar qual seria o destino da criança que estava em seu ventre.

Demi surpreendeu logo no primeiro minuto de vida. Chegou com uma força inacreditável para um bebê prematuro. E não se chamaria Dylan. Já naquele minuto ela conseguiu acabar com as únicas certezas de seus pais.

Demetria Devonne. O nome soava estranho, mas aquela mãe, instintivamente, percebia que sua filha precisaria de um nome forte e poderoso.

Demetria significa "deusa da fertilidade". Devonne é de origem inglesa que quer dizer "divina". Deusa divina.

Nada mais apropriado para Demi Lovato.

Dianna não fazia ideia mas, no futuro, sua filha seria mesmo tratada como uma deusa, sendo ícone de uma geração, copiada e imitada por garotas no mundo todo.

Demetria Devonne Lovato nasceu em 20 de agosto de 1992. O relógio marcava 14h34.

Sua mãe escreveria tempos depois em um diário que a filha era sorridente desde que nascera. O que haveria de especial naquela garota? Dianna, que fora uma das Dallas Cowboys Cheerleaders na adolescência, sabia que o peso da beleza era controverso. E o da fama também, por isso era preciso cuidar do interior, da essência. Mas jamais imaginara que teria de explicar aquilo para a menina tão cedo. Ela não tinha a vaga ideia do que aconteceria nos anos seguintes.

Os anos seguintes foram turbulentos.

Aquela criança sentia e vivia sob o impacto das brigas dos pais e aquele não era um ambiente saudável, visto que era emocionalmente instável e sem acolhimento. Por muito tempo, Demi se negaria a se lembrar dessa infância. Mas o período deixara marcas que ela teria de cicatrizar e superar. Sua relação de amor e ódio pelo pai, que desde cedo não a acolheu, seria tema de muitas músicas, que se tornaram um grito de socorro.

Dianna também não gostava de viver naquela situação. Em meio ao tsunami de emoções, quando Demi tinha apenas quatro anos, seus pais se separaram. Patrick teria abandonado a esposa e as filhas. Isso é o que as histórias contam.

E talvez tenha sido um alívio para todos. Viver em guerra não era uma alternativa para Dianna, que se mudou para Dallas, local com o nome de sua primeira filha.

Neste novo lugar, a calmaria voltou a reinar. Mãe e filhas começaram a viver em harmonia e Dianna conheceu outra pessoa – Eddie – com a qual se sentiu capaz de constituir uma nova família.

Ele parecia realmente sincero e genuinamente interessado no bem-estar das três, e logo Demi e Dallas se acostumaram tanto com a convivência que começaram a chamá-lo de pai e nunca mais pararam.

Da união entre Dianna e Eddie nasceria Madison, que ganharia o carinho incondicional de Demi e a quem ela chamaria de "meu anjo" e seria sua protegida para o resto da vida.

Apesar de não ter ciúmes da mais nova, Demi também tinha suas artimanhas para chamar a atenção. Já no jardim de infância, havia algo estranho com seu comportamento, e as professoras notificaram o diretor da escola.

Absolutamente preocupado com o que poderia se tornar um escândalo, ele chamou a mãe de Demi. Não era normal uma criança dizer as coisas que Demi dizia.

Dianna ficou preocupada. Era a primeira vez que era chamada na escola da filha. Ao lado de Eddie, muniu-se de forças e foi conferir do que se tratava. O diretor tinha sido taxativo: era um assunto sério, e de interesse de todos os familiares. A mãe chegou na escola preocupada e confusa. Entrou na diretoria e ouviu a sentença do diretor preocupado: ele pedia que a família assinasse um contrato assegurando a escola de que Demetria não iria se matar.

Se matar? Como assim?

Aquelas palavras pegaram o casal de supetão. Como uma menina de sete anos iria cometer suicídio?

A questão só seria respondida anos mais tarde, mas o aviso fora dado. Aquela bebê sorridente e feliz, que se tornara uma menina reluzente e encantadora, tinha um lado sombrio, que mostrava para poucos e já falava em tirar a própria vida aos sete anos.

Alguns psicólogos diriam que uma criança dessa idade estaria simplesmente querendo chamar atenção dos adultos ao falar sobre algo tão profundo.

Mas, afinal, o que motivara aquela criança, que parecia feliz, a verbalizar que tiraria a própria vida?

Só o tempo traria a resposta para aquele pedido aparentemente exagerado do diretor. E as oscilações de humor continuariam a provar que havia algo além do que os pais podiam perceber.

Intensa, Demi também tinha dias melancólicos. Como, por exemplo, quando perdeu seu primeiro dente: um acontecimento tão comum resultou em um rio de lágrimas. Ela chorou convulsivamente, pedindo que sua mãe colocasse o dente de volta.

Para ela, ainda não era claro o fato de que as coisas se transformavam. Demi só aprenderia muito tempo depois, a muito custo, que, para que algo nascesse novo e forte, outra coisa deixaria de existir.

Quem realmente entenderia a cabeça daquela menina?

Demi tivera de se acostumar com o fato de perder o pai tão cedo e embora ele estivesse vivo, não mandava mais notícias, nem entrava em contato. Ela passara a viver em outra cidade, e a chamar outro homem de pai.

Aquele fora um período de mudanças. Talvez esses fatos tenham feito a menina a se achar incompreendida. Aos sete anos ela já sofria profundas crises existenciais, mas estava destinada a ser uma estrela. Iria lidar com os ganhos e perdas da fama. Embora sequer imaginasse, teria de confrontar aqueles pequenos fantasmas que reprimira desde a infância. Teria de encarar sua insatisfação em vez de jogá-la para debaixo do tapete.

Demi teria de aprender a viver e se acostumar com o lado sombrio da vida, mas também com a luz, e com todos os tons intermediários.

O que ninguém poderia supor é que Demetria, ao entrar em contato com o universo da arte e da televisão, representaria um papel para si mesma, tentando ignorar a existência das próprias aflições.

O início de sua carreira seria marcado pela imaturidade emocional da menina, que tinha medo de não ser aceita, e por isso tentava exaustivamente esconder e anular seus medos. Talvez ainda não soubesse que, apesar da importância da alegria, não se pode ignorar a existência da tristeza. E nem fugir dos medos e das decepções.

BARNEY E SEUS AMIGOS

"Na época do Barney e Seus Amigos *eu estava muito grata de estar na TV, mas estava lutando também. Mesmo antes do Barney eu já era uma suicida. Eu tinha sete anos. Eu já falei sobre sofrer bullying e sobre ser adolescente, mas eu passei por certas coisas quando era mais nova das quais eu nunca falei abertamente... Talvez porque foram elas que me deixaram do jeito que eu sou."*

Barney e Seus Amigos. O nome da série de televisão direcionada ao público infantil trazia um dinossauro rosa, um roxo e verde e um grupo de crianças que, juntas, cantavam e dançavam. Para que tudo desse certo, especialistas em desenvolvimento infantil supervisionavam cada episódio, garantindo que o conteúdo fosse condizente com a faixa etária a que se destinava.

Ali, Demetria ganhou seu primeiro espaço na televisão. A menina encantadora, com habilidades inquestionáveis, lidava com facilidade com as câmeras e os personagens, e assim tornava-se uma personagem dentro daquele contexto. Se Barney era o amigo que todas as crianças queriam ter, Demi era a garota de sorte que o tinha sempre por perto.

A filha de Dianna tinha nove anos quando ganhou aquele papel e já dava sinais claros de que nascera para estar ali. Quando as luzes do palco se acendiam, ela se deixava levar por aquela fantasia, ingressando em um mundo encantado onde todas as crianças deveriam viver a infância: colorido, alegre, feliz, cheio de música e magia.

Para ela, o palco era o lugar onde os sonhos ganhavam vida e dançava sem medo de possíveis julgamentos. Com cabelos presos em rabos no alto da cabeça e óculos que ajeitavam discretamente no rosto, Demi arrancava aplausos e lágrimas de seus pais que, orgulhosos, notavam o genuíno interesse da menina em marcar presença.

Ritmo, voz, musicalidade e uma certa harmonia com as câmeras faziam a menina roubar a cena, mesmo quando sua amiga Selena Gomez estava por perto. Ela e Selena eram muito diferentes. Não só no físico, como na personalidade. Demi não perdia o jogo de cintura. Era espontânea, extrovertida e encarava com naturalidade os pedidos

dos câmeras e diretores. Apesar de tão jovem, parecia ter medo de errar ou vergonha de sua aparência, embora tenha admitido que foi a partir de então que começou a se incomodar com isso. As gravações eram momentos que, apesar de denotar trabalho, lhe traziam total satisfação e prazer.

Para Dianna havia uma preocupação a menos: sua filha não falava mais sobre suicídio. Mas como uma criança falaria de suicídio, enquanto dançava diante das câmeras ao lado de um dinossauro engraçado?

Por um tempo, aqueles problemas ficariam de lado, esperando ser resolvidos.

As músicas e coreografias deixavam aquela criança liberar sua criatividade e inundar as casas dos telespectadores com uma naturalidade e espontaneidade invejáveis. Demi improvisava e gostava dos olhares de aprovação das pessoas quando fazia uma cena e surpreendia.

Mesmo quando um texto fora decorado, a magia da cena deixava rastros em seu subconsciente e dava pistas que ela poderia seguir para o resto da vida. Uma delas talvez tenha feito Demi refletir e perceber que poderia seguir pelo caminho da música – com disciplina e paixão.

Em um episódio, a personagem de Demi tentava aprender a tocar um instrumento musical. Enquanto suas tentativas frustradas eram aturadas pelos personagens, que tapavam os ouvidos durante a cena – para não ouvir aquele som horroroso de quem não sabe tocar – o grande dinossauro sentenciou algo que ecoou na mente de duas daquelas crianças: Selena e Demi que, definitivamente, não estavam ali por acaso.

Barney olhou para a menina e recomendou, em tom de voz amigável: "Continue praticando". Quando Demi o encarou, deixando o instrumento de lado, ele completou: "Música se aprende na prática. E você vai se tornar melhor a cada dia".

As meninas se entreolharam. Aquilo era um simples episódio. Uma cena de ficção mas, para elas, foi um sinal. Ou um aviso de que poderiam se dedicar dia após dia àquilo de que gostavam.

Aquela pequena garota de óculos não sabia, mas se tornaria um mulherão com voz impactante, ouvida por milhões de fãs no mundo todo. E se tornaria melhor a cada dia, não só como cantora, mas também como um ser humano capaz de inspirar fãs e conduzi-los para uma reviravolta em suas vidas.

Também fora da TV, Demi atraía a atenção não só de fãs, mas de pessoas que queriam – e conseguiram – minar sua autoestima.

Como qualquer criança daquela idade, ela não era emocionalmente madura para absorver os ataques verbais das outras crianças. Só que Demi foi crescendo e abafando tudo isso, tentando driblar a maldade de adolescentes que não a toleravam. Ela não tinha a habilidade de fazer amigos na escola e, por isso, seu círculo de confiança estava nos sets de filmagem, onde fazia amigos que viviam a mesma realidade que ela.

Demi cresceu e ganhou ares de adolescente. Então trabalhou na série *Prison Break*, no episódio chamado "First Down". Isso foi uma surpresa para quem a acompanhara em *Barney e Seus Amigos*. Nesse episódio, ela interpretou Danielle Curtin, uma adolescente ingênua que era abordada por um adulto com más intenções.

A expressão de Demi na cena final demonstra algo que alguns fãs já podem perceber nos dias atuais. Em cenas de ficção, Demi coloca elementos da vida real para fora, e denota expressões e reações absolutamente condizentes com situações que já sentiu ou viveu.

Com a veia artística aguçada, ela investiu na carreira de atriz. Logo apareceu na segunda temporada da sitcom *Just Jordan*, como Nicole, no episódio "Slippery When Wet".

Foi o degrau que precisava subir para alcançar o que qualquer adolescente gostaria de agarrar com as próprias mãos.

O MUNDO ENCANTADO DA DISNEY

A Disney Channel é uma emissora voltada para o público jovem, ávido pelos mesmos sonhos que povoavam o imaginário infantil. Só que com outros contornos.

Cenários atuais e personagens que levavam para a telinha cenas corriqueiras para os jovens. O canal se tornaria uma verdadeira máquina de fabricar ídolos, e Demi seria esculpida por seus diretores. Por meio de uma seleção anual, ela foi escolhida para atuar na série As *The Bell Rings*, que seria gravada no Texas.

Mesmo sendo sua primeira participação no canal, a menina já atraía olhares atentos da diretoria, preocupada com sua carreira a longo prazo. Como uma das personagens principais, Demi estreou com sucesso. Ela tinha jeito com as câmeras, uma beleza natural, uma voz linda e algo que as pessoas chamam de carisma ou brilho próprio. Era um diamante raro, com uma meiguice que convencia o público e fazia as meninas se identificarem com ela.

Na época, ainda tinha os dentes da frente separados. Mesmo que isso não a atrapalhasse em absolutamente nada, foi aconselhada pela gigante do entretenimento a consertá-los. Mas a pequena estrela só divulgaria que eles teriam sido os responsáveis pela mudança anos mais tarde, em um acesso de sinceridade no Twitter. Um sinceridídio que custou muito à sua imagem.

"Eu nunca usei aparelho, mas já juntei os dentes. A Disney me obrigou a fazer isso", desabafou, em uma clara maneira de mostrar a todos que a imagem dos atores era supervalorizada no canal. Ela pode ter ficado arrependida pelo desabafo, mas nunca chegou a apagar o post. Apenas remendou, com um toque de bom humor: "Eu vou me meter em confusão por ter dito isso". Para muitos, este pode ser apenas um detalhe. Para ela, foi um momento crucial.

Teria sido ali que ela começara a tentar se enquadrar em padrões? Aquela correção nos dentes teria sido o primeiro momento em que Demi mudara uma característica sua para agradar multidões?

Ela teria pela frente uma série de mudanças em sua aparência. Inicialmente, motivada pelo desejo de ser aceita pela indústria do entretenimento, ou pelo público. Esse desejo a levaria a um caminho sem volta, em uma luta contra o próprio corpo, fazendo-a cometer atrocidades consigo mesma.

Em nome da estética, ela negligenciaria sua saúde. Em nome da aceitação social, deixaria a si mesma de lado. Aquela nova menina, que estava sendo construída – de fora para dentro – para agradar a um nicho específico, tinha sentimentos. E ficava ferida de verdade quando ouvia uma crítica qualquer.

3
Os contrastes da adolescência

Paixão, intensidade, energia. Características típicas de um adolescente.

Demi entregava-se aos seus sonhos e conquistava elogios por onde passava. Dentro ou fora das gravações, seu sorriso, trejeitos, voz e brilho deixavam-na em destaque. Mas toda a luz que levava vinha acompanhada de uma sombra que se tornava cada dia mais forte e poderosa e a garota não conseguia freá-la, nem a ignorar. À medida que avançava na carreira, parecia ter despertado uma força contrária que queria, a qualquer custo, minar sua confiança.

Ela crescera assombrada pela própria insegurança, e encontrara na televisão e nos papéis que representava alguma felicidade para a vida real. Mas havia momentos em que Demi não podia usufruir da fama como gostaria. Na escola, por exemplo, a menina era desprezada e sua autoestima, aniquilada. Era encantadora na televisão, mas não conseguia ter a mesma desenvoltura no ambiente escolar.

Ela estava na sétima série quando começou a sofrer bullying. E achou aquilo muito, muito cruel. Vítimas de bullying geralmente apresentam um perfil parecido. São pessoas emocionalmente mais frágeis, com traços ligeiramente destoantes do modelo imposto pela sociedade. Sofrem atentados verbais e geralmente não conseguem reagir, nem pedir ajuda.

Era o que acontecia naquele caso. Além da fragilidade emocional, Demi era insegura. Os ataques dos colegas eram certeiros e afetavam sua autoestima. E ela passou a acreditar que, para conseguir fazer amigos, tinha que se adequar a algum padrão.

Em casa e no trabalho, quem convivia com Demi a achava encantadora. Ela sorria muito, conversava olhando nos olhos das pessoas e não escondia seus sentimentos. Para aqueles que a admiravam, era a mais querida das amigas. Sincera, espontânea e com uma doçura incalculável no jeito de falar. O melhor de Demi era sempre o ápice do que uma menina pode ser.

Mas em vez de aplaudi-la, os colegas de escola tentaram destruí-la colocando apelidos maldosos, evidenciando defeitos que a aborreciam, deixando-a cada dia mais triste e insegura com sua aparência. Em sua casa, quando estava sozinha no quarto, revia os momentos de tensão passados na escola e sentia um calafrio. A principal ofensa lhe atingia em cheio: os colegas a chamavam de gorda.

Aquelas palavras ecoavam em sua mente. Demi se olhava no espelho e seu reflexo parecia maior. Sua mente, intimidada, começava a acreditar naquilo que lhe impunham. Mesmo estando dentro do peso adequado, ela sofria com os ataques. Chorando, sozinha, se perguntando o porquê de não ter amigos na escola, deu seu veredito: o motivo era que estava acima do peso. E mesmo que isso não fosse verdade, fincou uma luta contra a balança. Se ser magra era a fórmula para conquistar a amizade das pessoas, então ela faria o possível e o impossível para atingir esse ideal de beleza.

Não conseguia enxergar que era linda. Que sua beleza estava acima dos padrões impostos pela sociedade. E que, na verdade, aquelas pessoas iriam importuná-la de qualquer jeito, independente de suas medidas.

Se na escola a pessoa é rechaçada pelos colegas, em casa ela se fecha em seu mundinho. Às vezes troca de escola ou abandona os estudos, contudo, essas medidas não são suficientes para abafar o grito que fica lá dentro. Para quem sofre com o bullying, é difícil conviver com as lembranças, mesmo depois que o trauma é, supostamente, superado.

Com a autoestima baixa, Demi fazia absolutamente tudo para perder os quilos que considerava indesejados. Como era chamada de gorda na escola, acreditava que emagrecer a tornaria popular. Sem perceber, tornava-se vítima de uma doença que pode causar a morte se não for detectada a tempo: a bulimia, uma síndrome caracterizada por acessos repetidos de hiperfagia. A garota comia mais do que podia, em acessos de fome incontroláveis motivados pela depressão, ansiedade e por toda a oscilação hormonal da puberdade e, depois, sentia-se culpada. Com a culpa, vinha a reação exacerbada: corria até o banheiro e vomitava, acreditando que assim não ganharia peso.

O resultado era caótico: tinha alterações de humor, excesso de autocrítica, obsessão por dietas e dificuldade de se controlar na frente da comida. Sua mãe achava que as mudanças de humor, assim como de peso, eram atribuídas à idade. E na escola, nada mudava. Com o tempo, os ataques foram ficando mais e mais ofensivos.

Demi não conseguia sentir-se bem com sua aparência. Começou a usar lentes de contato para dispensar os óculos, além de prosseguir com os episódios de bulimia, que desencadearam uma anorexia. Mesmo quando estava magra, não comia, com medo de que qualquer coisa a fizesse engordar. Mas não estava satisfeita, nem quando seu peso começou a ficar bem abaixo do recomendado.

Foi nessa época que tudo aconteceu. Com a frequência dos vômitos, ela emagreceu treze quilos em seis meses e chegou aos quarenta quilos, mas sua mãe não percebia. Os acessos se tornaram rotina e ela vomitava cerca de seis vezes ao dia. Mesmo assim, os colegas de escola não davam trégua. Para atingi-la, valia tudo.

"Eles me chamavam de prostituta e diziam que eu era gorda e feia. Eu não deveria ter escutado, mas eu levava isso para o coração e doeu. Pensei que talvez eu não tivesse amigos porque eu era muito gorda."

À medida que emagrecia e percebia que aquilo não surtia o efeito desejado, já que as perseguições continuavam, Demi decidiu conversar com sua mãe e pedir que a tirasse da escola. E contou tudo sobre o bullying que vinha sofrendo.

Surpresos com a revelação, sua mãe e seu padrasto não sabiam que aquela violência desencadeara situações extremas na vida da atriz. Dianna foi procurar ajuda e contratou tutores que pudessem dar aulas em domicílio para sua filha.

Dentro de seu quarto, Demi chorava. Deixava que as lágrimas limpassem tudo o que a sufocava e que não contava para ninguém. Sua irmã mais velha, Dallas, desconfiava que havia algo errado. Percebia as frequentes idas de Demi ao banheiro após as refeições, e começou a vasculhar seu computador em busca de informações. Algum tempo depois, ela desmascarou Demi, e a ajudou a enfrentar seus problemas.

Mas naquele momento, a luta de Demi seria com ela mesma.

"Eu era como o dia e a noite. Na frente das câmeras, conseguia ficar superligada, afinal isso faz parte de ser atriz, e com música, você sobe no palco e põe tudo para fora, indiferente do que esteja enfrentando na vida. Então tive de colocar a minha vida pessoal na frente da minha carreira, o que é muito difícil para mim, pois a minha carreira é como eu consigo lidar com isso."

Como um escape para aliviar a tensão, ela se mutilava com cortes nos pulsos, sem se importar se eles trariam resultados piores, ou que fossem profundos a ponto de terem o poder de acabar com sua vida. Pessoas que fazem isso geralmente apresentam os mesmos motivos: sensação de vazio, angústia, raiva de si mesmo, tristeza sem motivo aparente. Os episódios de *cutting*, como são chamados, muitas vezes estão associados a distúrbios alimentares.

Sem medo das consequências, Demi se escondia no banheiro e cortava-se silenciosamente. Estava com apenas onze anos. Tinha vergonha de si mesma, de seu corpo. E não conseguia nenhum alívio para suas dores emocionais. Machucar-se era uma forma de punir-se, ou de aliviar aquela sensação dolorosa na alma. Dentro de sua mente conviviam sentimentos conflitantes. Estava no início de uma carreira que qualquer jovem invejaria mas não conseguia ser feliz.

Nas festas e locais públicos, usava pulseiras ou maquiagem para disfarçar os cortes. Mas os fotógrafos conseguiram flagrar seus pulsos cortados, e a foto estampou capas de revistas. Demi levou um susto. Seus pais a intimaram a contar o que estava acontecendo, e ela prometeu que pararia.

Em vez disso, passou a procurar lugares no corpo onde ninguém pudesse ver as marcas deixadas pela perigosa prática. A fuga desenfreada de si mesma continuou. À medida que suas válvulas de escape eram descobertas, Demi encontrava outras maneiras de anestesiar seus sentimentos e emoções.

CAMP ROCK: ENTRE A LUZ E A SOMBRA

Em meados de 2008, o diretor Matthew Diamond e o produtor Alan Sacks estavam preparados para colocar no ar um filme chamado *Camp Rock*. Para interpretar a protagonista, precisavam de uma adolescente cativante, que agradasse o público e soubesse atuar e cantar.

Demi era perfeita para o papel.

Quando foi fazer um teste para participar de futuras séries do Disney Channel, ninguém imaginava que daquela sala sairia a estrela do filme. Demi entrou em cena com seu talento natural e fez o que estava disposta a fazer: cantar e encantar. Colocou sua voz na música "Ain't No Other Man", de Christina Aguilera, e os executivos ficaram boquiabertos. Durante a audição, Gary Marsh, presidente mundial de entretenimento do canal, estava presente. E foi ele quem percebeu que aquela menina teria um futuro brilhante.

Ela tinha apenas 15 anos.

"*Eles meio que queriam me pressionar. Eu não me importei. Quando as pessoas te pressionam, é algo como, 'Ei, eu não vou ficar nervosa. Só vou fazer o que sei fazer.' Então eu fiz.*"

Uma carreira sólida precisa de bons condutores e no Disney Channel tinha gente de sobra para ajudar a menina a gerenciar sua vida profissional. Se sua vida pessoal estava em frangalhos, com o emocional instável, em sua carreira, as coisas corriam bem.

Era uma menina que fora abandonada pelo pai e saíra do Texas em busca de uma oportunidade. Traída pelos amigos e rechaçada na escola, acabara reencontrando-se na arte. Era nos palcos e na música que sentia-se plena e satisfeita.

E foi justamente graças à Disney, aquela que produz belíssimos filmes de contos de fadas, que ela encontraria seu primeiro príncipe encantado. De carne e osso.

O filme *Camp Rock* seria protagonizado pelos Jonas Brothers e por Demi Lovato. A história girava em torno de Mitchie, uma jovem que esperava tornar-se cantora profissional.

A vida imita a arte ou a arte imita a vida?

O filme estreiou em 20 de junho de 2008, sendo assistido por aproximadamente nove milhões de telespectadores e tornando-se um sucesso de público. E tinha os ingredientes certos para agradar os jovens: atitude, descontração, sonhos que se tornavam reais e uma garota apaixonada atrás de uma realização.

Foi aí que Demi encontrou o seu lugar ao sol no mundo da música. Crescera como atriz, tinha uma carreira em ascensão e ganhara um papel de destaque no Disney Channel.

Era hora de alçar voos maiores. A pequena sonhadora entrou nas paradas de sucesso mundiais: cantou em quatro das canções da trilha sonora do filme e "This is Me", que canta ao lado de Joe Jonas, foi lançada como single e estourou no mundo todo. Era um período de gratidão pelas conquistas. Se não fizera amigos na escola, nos bastidores das gravações conseguia integrar-se de maneira única.

Nas entrevistas, era enfática: não via aquilo como trabalho. Ao lado da mãe, que a acompanhava nas gravações, dava entrevistas a canais de TV, emissoras de rádio, revistas e jornais, dizendo que era um prazer estar ao lado de pessoas que gostavam das mesmas coisas que ela. "É o que eu realmente quero fazer", dizia repetidas vezes, sorridente.

No entanto, fora das gravações, ainda não conseguira escapar de si mesma. Em casa, quando estava sozinha, frequentemente se lembrava das agressões verbais que recebia dos colegas da escola. Diante do espelho, mesmo sem estar acima do peso, ficava amedrontada com suas formas. Tinha altos e baixos, sintomas de uma doença que não havia sido diagnosticada: Demi tinha transtorno bipolar.

A prática da bulimia já fazia parte de sua vida e os cortes tinham se tornado um hábito incontrolável. Mesmo com esses aspectos sombrios, em 2009 ela foi cotada para uma personagem de pura luz: Sunny Munroe seria a protagonista da série de televisão chamada *Sunny Entre Estrelas*. A menina que entrou com total confiança no teste não se assemelhava em nada com aquela que fora vítima de bullying na escola. Com suas falas na ponta da língua, Demi conquistou novamente seu lugar ao sol.

Trilha Sonora de Camp Rock

1. Who Will I Be? - Mitchie (Demi Lovato)
2. What It Takes - Lola (Aaryn Doyle)
3. Start the Party - (Gravado por Jordan Francis e Roshon Fegan)
4. Too Cool A - Tess (Meaghan Jette Martin)
5. Gotta Find You - Shane (Joe Jonas)
6. Play My Music - Connect 3 (Jonas Brothers)
7. Hasta La Vista - Barron, Sander and Ella (Jordan Francis, Roshon Fegan, Anna Maria Perez de Tagle)
8. 2 Stars - Tess (Meaghan Jette Martin)
9. Here I Am - Peggy (voz de Renee Sands)
10. This Is Me - Mitchie e Shane (Demi Lovato e Joe Jonas)
11. We Rock - Elenco de Camp Rock
12. Our Time Is Here - Mitchie (Demi Lovato)

"This is Me"

Esta é uma música que merece ser lembrada, pois é a canção que marca o início da carreira de Demi. A canção foi logo para a lista da Billboard Hot 100, onde chegou à nona posição, e vendeu nada menos que 848 mil cópias no país.

No filme *Camp Rock*, a música tem a participação de Joe Jonas, o que a ajudou a ficar mais conhecida. Não só porque ele era famoso, mas também porque já rolava um clima entre ele e Demi. Aquilo que muitos chamam de química. E ficou tão aparente quando estrelaram a canção juntos, que nenhum fã de Demi poderia negar que os olhos da estrela brilhavam quando o viam cantar.

Eles cantaram essa música juntos não apenas na trilha sonora do filme, mas também na turnê *Jonas Brothers The 3D Concert Experience*.

Por ter sido a primeira canção que Mitchie, a personagem de Demi em *Camp Rock*, cantava com Shane, o personagem de Joe, tornou-se um ícone da relação entre os dois.

Mitchie havia escrito a canção no começo do filme. Shane ouvira um trecho de uma versão acústica tocada no piano e ele sequer imaginava que era Mitchie quem cantava. Quando chega o duelo final, ele procura pela garota exaustivamente, até que entra em cena a protagonista, cantando com sua voz arrebatadora, enchendo os olhos e o coração do rapaz (não só na ficção, diga-se de passagem!). Então Shane entra num improviso e completa com um trecho de "Gotta Find You", que ele havia escrito.

A cena foi perfeita para que os jovens se transformassem em um ícone da Disney. Era um casal que toda garota queria que estivesse junto também fora das telas. Começou uma torcida para que ambos engatassem um namoro, e a mídia tentou dar um empurrãozinho para isso. Na época, Demi dizia ver em Joe apenas um amigo, mas fontes afirmam que ela sempre fora apaixonada pelo colega, e sua mãe diz que já via um brilho no olhar de Demi quando olhava para ele.

4
Entre a música e as câmeras

Demi Lovato já se tornara um nome conhecido e mesmo quem não a assistia na TV podia ouvi-la nas rádios, ou até ver fotos suas estampadas nos jornais.

Ainda em junho de 2008, ela se dedicava a todos os projetos para os quais tinha aptidão. Era uma artista no início da carreira, então se via obrigada a abraçar todas as oportunidades que apareciam – eram muitas.

Sua primeira turnê foi batizada como *Demi Live! Warm Up*.

No camarim, ela sentiu a pressão de encarar o palco. Era a primeira vez que se apresentaria ao vivo, sem poder gravar de novo caso errasse a letra da música. Era ela e o público, como um teste em grandes dimensões.

Demi tinha voz, carisma, talento, e sabia conduzir uma multidão e ganhar a simpatia dos fãs. A espontaneidade era sua maior arma. E foi assim que conquistou seus fãs fiéis, que se tornariam os *lovatics*.

A adolescente fez quinze apresentações e sentiu como era bom ficar em frente aos fãs e ouvi-los gritar seu nome. Sentia-se energizada como jamais acontecera durante uma gravação em estúdio. A troca de energia era imediata. Podia sentir o resultado, a resposta, e interagir com as pessoas de uma maneira única. Era ali, nos palcos, que podia ser uma artista em todas as suas tonalidades e compor uma personagem para isso.

As pessoas que a cercavam tinham a certeza de estar acompanhando uma estrela. Ela sabia entrar em cena como ninguém e, por mais que ainda jogasse seus medos para baixo do tapete, ninguém podia perceber que ela estava em depressão ou passando por problemas sérios. No palco, ela era só luz.

A turma dos Jonas Brothers logo a convidou para participar de sua turnê. Foram três meses intensos. Entre julho e setembro, os shows, abrilhantados por Demi, foram filmados e lançados como o filme *Jonas Brothers: The 3D Concert Experience*.

E foi no meio desse tsunami de emoções que ela realizou um sonho fora dos olhares da Disney. Lançou seu primeiro single solo inédito. Talvez, como acabava de sair da própria turnê, engatada com a de seus amigos, não tenha conseguido assimilar tantas mudanças. E tanto sucesso.

O single "Get Back" obteve a posição #43 na Billboard Hot 100. Isso era incrível para a carreira da cantora. Participaram os bateristas Jack Lawless e John Taylor; nas guitarras, ninguém menos que os Jonas Brothers. A música animada seria apresentada durante diversas ocasiões – incluindo a abertura do Disney Channel Games 2008. Para Demi, ouvir sua música em todos os lugares ainda não era algo comum. Estava apavorada e empolgada com o sucesso.

Logo que acabou a turnê com os Jonas Brothers, seu álbum de estreia foi lançado. Talvez a manobra de seus empresários fosse exatamente essa: pegar uma carona no sucesso dos Jonas Brothers e conquistar seus fãs.

Mas Demi não precisava de carona.

Seu álbum de estreia, *Don't Forget*, estreou na segunda posição da Billboard, vendendo nada menos que 89 mil cópias em seu lançamento.

Até as tão temidas críticas, que arrepiam os cabelos dos empresários e artistas, foram positivas e Demi, que graças aos colegas da escola estava acostumada a críticas, viu-se diante de um novo cenário: ela podia ser elogiada, e abençoada.

Com toda a sua fantasia fluindo, ajudou a compor oito das doze faixas do álbum. Seus amigos, Jonas Brothers, também levaram os créditos, assim como os produtores John Fields, Kara DioGuardi e Robert Schwartzman.

O single "La La Land" é uma divertida composição que brinca com a máquina de fazer artistas que é Los Angeles e traz uma tônica bem pessoal à tona. Na letra, ela canta: "Alguns dizem que eu deveria ter medo/De perder tudo/ Por causa de onde eu vim/De onde comecei/Na máquina de Los Angeles eu não vou mudar". A música aborda ainda o jeito de ela se vestir, de All Star com vestido. E afirma que ter personalidade não a desqualifica. Seria um recado para as colegas que a ofendiam na escola?

"La La Land" entrou na #52 posição na Billboard e "Don't Forget" em #41. Esta faixa, que fala sobre ser você mesmo, foi bem recebida pela crítica e muitos acabaram associando a letra à própria cantora, que se sentiria sem liberdade em Hollywood. O site da Allmusic afirmou que "La La Land" era uma das melhores canções da atualidade e o *The Boston Globe* a classificou como "ícone da Geração Y". A importância da música foi ressaltada em janeiro de 2009 quando Demi participou do evento, *Posse das crianças: somos o futuro*, em que até Michelle Obama estaria presente. Era hora de se portar como adulto. Mesmo tendo vivido uma adolescência frenética diante das câmeras.

Em 2009, gravou em espanhol uma versão de "This is Me", chamada "Lo que soy", para a versão de luxo de seu álbum de estreia. Essa nova versão recebeu um disco de ouro pela *Recording Industry Association of America* por ter vendido mais de quinhentas mil cópias nos Estados Unidos. Nada mal!

MAIS SOBRE DON'T FORGET – PARA NÃO ESQUECER MESMO!

Um álbum de estreia com esse nome já diz tudo: era para ficar marcado na memória de todos que viriam a se apaixonar pela diva pop.

Lançado no dia 23 de setembro, nos Estados Unidos, ele alcançou a posição #2 na Billboard 200. Foi certificado de Ouro pela RIAA e chegou a vender mais de quinhentas mil cópias só no país da cantora.

Demi disse em entrevistas que jamais conseguiria fazer sozinha um álbum da Disney. Com sua modéstia, afirmou que precisava de ajuda para isso. Ela era uma estrela em construção e ainda não estava pronta, só somava pontos para que fosse vista com bons olhos pelos críticos e pela mídia em geral, muitas vezes preocupada em massacrar os álbuns cuja estreia atinge sucesso meteórico.

A menina confessou que suas letras eram tão obscuras que, depois de lê-las, sua mãe a aconselhava a fazer terapia. "Preciso de ajuda para escrever algumas coisas envolventes, porque meu público não é o de metal. Minhas canções precisam ser polidas", pensou. A solução foi receber ajuda dos Jonas Brothers, que deram aquela retocada nas letras.

SINGLES

"Get Back"

Foi o primeiro single do álbum e ficou em sexto no Top 100 do Itunes e em #43 na Billboard. Escrita pela Demi e pelos Jonas Brothers (com o Nick no vocal de apoio!), foi editada antes de ir ao ar. A palavra "kiss" foi substituída por "hold" (em vez de "me beije", a letra agora diz "me abrace"). Esse foi um cuidado da Disney para pegar leve e não deixar os fãs mais novos muito alvoroçados. A mudança foi feita também para que o clipe pudesse ser feito sob medida para o público do Disney Channel.

"La La Land"

Quando foi lançada, o intuito era promover o programa *Sunny Entre Estrelas*, e o clipe mostra o elenco principal da série. É agitada, descontraída e critica a indústria que modifica pessoas para fazerem sucesso.

Críticas do primeiro álbum

Um primeiro álbum geralmente recebe críticas ardilosas, mas não foi o caso de *Don't Forget*, no geral, bem-recebido. Reunimos aqui algumas das avaliações da imprensa sobre o álbum:

"Demi Lovato ainda não é um nome da casa, mas certamente tem o talento pra se tornar um, com esse impressionante [álbum de] estreia."
Story Gilmore, do *Neon Reviews*

"[Don't Forget] é um álbum realmente bom, com uma rica e variada textura musical."
PopCrunch

DEMI E MILEY – UMA COMBINAÇÃO EXPLOSIVA

Dentre todos os amigos que Demi fez no Disney Channel, uma em especial a acolhia, não a julgava e a tratava de igual para igual. Senhoras e senhores, orgulhosamente apresentamos uma amizade sólida que viria para ficar: Demi Lovato e Miley Cyrus. Ambas com temperamento explosivo, mas cativantes, mesmo sem tentar agradar a ninguém. E com muita, muita força e garra para vencer na vida e atingir os objetivos.

Miley e Demi teriam tudo para se tornarem inimigas e rivais, mas não foi o que aconteceu. Elas se tornaram unha e carne. Daquelas amigas que dormem uma na casa da outra, aprontam juntas, cantam juntas, dançam juntas e trocam muitas confidências.

Na presença uma da outra, se tornavam mais fortes e confiantes. Como frequentava muito a casa de Miley, Demi acabou conhecendo seu irmão, Trace. Miley, é claro, deu a maior força para que Demi se tornasse sua cunhada e era a maior incentivadora para que ambos formassem um casal. E isso aconteceu, algum tempo depois, na forma de um namoro relâmpago, que Demi terminou via Twitter, com a mensagem "Acho que nós chegamos ao fim". Mas a amizade entre as meninas não terminou por conta desse detalhe.

Sabe-se que Miley só entrou no Twitter porque Demi a incentivou. Gostava tanto de ter aquele contato direto com os fãs, que convenceu a loirinha a fazer sua conta. Como ambas já admitiram publicamente, muitas vezes faziam pegadinhas via Twitter, construindo para a imprensa histórias que, mais tarde, uma ou a outra desmentia. Alguns sites de fofoca atribuem esse rápido namoro de Demi e Trace a mais uma pegadinha das meninas. Inclusive o término via Twitter teria sido armado pelas duas.

No entanto, Demi teria escrito para Trace a música "Remember December", o que desqualifica a fofoca. Se o namoro aconteceu, ou se foi inventado pelas amigas, apenas as duas sabem. Mas a verdade é que a relação entre as duas, mesmo quando trocavam farpas, permanecia intacta.

Na época, elas basicamente trocavam mensagens bobinhas nas redes sociais. "Eu sou superficial. Só te amo porque você é a menina mais bonita de todas. É isso", brincava Miley. Demi, que não poderia ficar de fora, fazia coro: "Eu te amo. E, sim, sou sua amiga porque você também é bonita".

As duas já gravaram juntas em 2009 no projeto *Send It On*, e consideram a experiência inesquecível. Foi quando a canção estreou na #20 da Billboard Hot 100 e permaneceu na parada musical por cinco semanas.

Mas a parceria não seria suficiente para que os críticos deixassem de fazer comparações entre as meninas. Anos mais tarde, na página britânica *Trash Lounge*, o crítico Shaun Kitchener diria que o álbum de Demi era o melhor já lançado por uma nova revelação da Disney. E acrescentou: "Não diga a Miley". Embora todos achassem que Miley ficaria incomodada quando Demi fosse elogiada pela crítica, era de Selena Gomez que Miley sentia ciúmes. Certa vez, quando a garota viu Demi ao lado de Selena em fotos em um evento, ligou imediatamente para a amiga, cobrando explicações. Eram daquelas amigas que não podiam deixar de dar satisfações uma à outra. As duas têm até hoje um urso de pelúcia chamado Memi, que representa a amizade entre elas, e também davam amostras públicas do amor recíproco. Certa vez, durante um show, na música "See You Again", Miley trocou a parte "My best friend Leslie" (Minha melhor amiga Leslie), por "My best friend Demi", em uma sincera homenagem. Foi ovacionada e os fãs de ambas jamais esqueceram tal declaração.

Efusiva, Miley comprou a briga de Demi contra quem ousasse chamá-la de gorda. Como conhecia os traumas de Demi, Miley tuitou certa vez "Eu vou destruir qualquer pessoa que te chamar daquela palavra. Você tem as curvas mais sexy de todas", exaltou. Porém, Miley se contradizia ao fazer brincadeiras em relação à altura da amiga. Ao mesmo tempo que exaltava as curvas de Demi, a cantora brincava chamando-a de "anã". Mesmo com essa aparente falta de tato, Demi jamais levou tais críticas a sério. Sabia que poderia contar com Miley a qualquer momento. Anos depois, quando saísse da reabilitação, Demi confessaria publicamente: "Durante todo o processo, houve duas pessoas que permaneceram do meu lado. Não importa quantas vezes a gente brigue, nós vamos sempre estar na vida uma da outra. Miley e eu temos um temperamento forte, então quando nós brigamos, é brutal e a gente diz: 'Nós nunca vamos ser amigas de novo!' Mas aí dois dias depois falamos: 'Eu te amo e estou com saudades'".

Demi também já defendeu Miley publicamente. Em uma entrevista em 2013, perguntaram o que achava da postura de Miley ao tentar chocar as pessoas e decepcionar todos os que adoravam Hannah Montana. Ela foi enfática em responder: "Mudamos muito. Temos 21 anos agora. Na época [da Hannah Montana] tínhamos 15. Graças a Deus eu sou outra pessoa, e ela também. Miley sabe o que está fazendo, ela é uma empresária. Eu acho é que o mundo deve se conformar com o fato de que ela não é mais Hannah Montana". Depois disso, foi aplaudida de pé pela plateia. Se alguém achava que colocaria na boca de Demi palavras contra uma de suas melhores amigas, este alguém estava muito enganado. Ela estaria sempre pronta para defender aqueles que ama.

PROGRAMA DE PROTEÇÃO PARA PRINCESAS

Embora Miley seja a mais citada por Demi em entrevistas pelo mundo afora, quem apareceu mais vezes ao lado da cantora, durante a adolescência, foi Selena Gomez. Em 2009 foram cotadas para ser estrelas de um filme chamado *Programa de Proteção para Princesas*, no qual Demi e Selena interpretam uma estudante e uma princesa, respectivamente. As duas trocaram de papéis antes de começarem as filmagens.

Originalmente, quando foi chamada para fazer o filme, Selena viveria a princesa Rosie e Demi Lovato estaria no papel de Carter. Elas decidiram inverter os papéis e os diretores concordaram. O resultado deixou todo mundo feliz.

O filme conta a história de uma princesa que precisava se esconder de um ditador. A audiência foi de 8,5 milhões, a quarta maior já obtida por um filme do canal. Para a trilha sonora as duas travaram a música "One and The Same", que mostra as diferenças e igualdades entre Carter e Rosalinda.

Demi e Selena

As meninas, que se conheciam desde os sete anos, tornaram-se mais que boas amigas ou colegas de emissora. Ambas estabeleceram laços de cumplicidade, amor e afeto que jamais serão quebrados. O que provaram em inúmeras entrevistas anos depois.

Demi e Selena estiveram juntas quando terminaram seus respectivos relacionamentos, e acolheram uma à outra em momentos difíceis. Sempre saem para jantar, telefonam uma à outra e são clicadas juntas.

Mesmo quando tinham breves desentendimentos, ou se afastavam, Selena ligava como se nada houvesse acontecido. Talvez por isso o telefonema da amiga tenha chocado e emocionado tanto Demi quando esta foi para o centro de reabilitação. Elas não se falavam havia alguns meses, e Demi quase não acreditou quando atendeu o telefone e ouviu a voz de Selena, chorando inconsolável. Mais que mostrar solidariedade, a amiga queria dar forças, se mostrar disponível para ajudar. Uma amizade assim, mesmo com breves desentendimentos, não pode ser quebrada. E não foi.

Quando Demi terminou o tratamento, a dupla se reaproximou com força total, e Selena foi a primeira a divulgar que estava indo jantar com a amiga. Outro episódio que envolveu as duas foi a prisão do ex-namorado de Selena, Justin Bieber, que dirigiu alcoolizado. No mesmo dia, após a liberação do cantor, Selena foi clicada saindo de um restaurante ao lado da amiga Demi Lovato.

Ambas também visitaram juntas uma clínica de reabilitação para ajudar jovens internados. Demi falou por uma hora com um grupo de apoio, dando um testemunho inspirador de sobrevivência. A cantora disse que procurou se rodear de influências positivas, se internando por um período. Ela também falou sobre o valor de amizades como a de Selena.

SUNNY ENTRE ESTRELAS

Em 2009, a série de televisão *Sunny Entre Estrelas* estava atrás de uma protagonista. Quando foi chamada para fazer o teste, Demi se preparou como nunca. Decorou os textos e impressionou tanto, que o seu teste até hoje tem um número considerável de visualizações no YouTube.

Quando ganhou o papel, comemorou feito gente grande: deixou as aflições e medos de lado por um momento e se dedicou à intensa atividade de decorar roteiros.

A série acontecia nos bastidores de uma produção em Hollywood. Sunny atravessava os Estados Unidos para unir-se ao elenco de *So Random*, um programa de TV absolutamente popular criado para crianças e adolescentes.

Gary Marsh, presidente de entretenimento do Disney Channel, afirmou: "Esta série está enfatizando uma das principais temáticas de atributos que nós defendemos, que é seguir o seu sonho".

Fim da série

A série, que foi um sucesso nos Estados Unidos, só chegou ao fim em 2011. Devido ao seu internamento em outubro de 2010 por problemas emocionais (que eclodiriam mais cedo ou mais tarde), Demi disse que estar em frente às câmeras novamente a deixaria nervosa, atrapalhando sua recuperação. Ela decidiu se focar apenas na carreira musical e o Disney Channel apoiou sua decisão.

HERE WE GO AGAIN

Mais recheado de inspiração e vivência acumulada pela menina, o segundo álbum de Demi, *Here We Go Again*, foi lançado em 21 de julho de 2009. E já na primeira semana alcançou o número #1 da Billboard com 108 mil cópias vendidas! Demi descreveu seu projeto como algo mais descontraído e maduro, assim como ela própria.

Ela também acredita que as emoções afloraram para que compusesse suas novas músicas, já que as faixas foram inspiradas por suas experiências amorosas e mágoas. Mas, desta vez, nada de explorar um tema específico.

A faixa título fala sobre uma relação com um rapaz indeciso. As meninas, é claro, se identificaram com a letra. Gostosa e viciante, deixou saudades e trouxe paixões para o público. Demi estreou com força total cantando a música em uma participação no *The Tonight Show with Conan O'Brien*. No dia seguinte, a rádio Disney tocou a música, tornando-a um sucesso mundial.

Demi foi entrevistada na própria rádio durante o programa *Planet Premiere*, e milhares de pessoas ficaram em êxtase ao ouvir sobre as experiências que inspiraram o álbum.

A divulgação foi bem estruturada e contínua, o que significou que Demi não teve folga nos dias seguintes. Compareceu a programas de TV e de rádio, sabendo que quanto mais estivesse na mídia, mais suas músicas seriam procuradas e divulgadas.

No *Good Morning America* ela interpretou a canção "Catch Me". Também visitou o *Late Night with Jimmy Fallon* e apareceu na BBC Switch para fazer o lançamento britânico bombar. Apresentou-se também no *The Alan Tichmarsh Show*, cantando "Remember December", e declarou que amava essa música, pois era a faixa do álbum com a qual mais se identificava, "o resumo de onde eu quero chegar no futuro".

E a correria não pararia por aí. Na sequência, Demi embarcou na "Summer Tour 2009" para promover seus dois álbuns. Quem abriu os shows foi o cantor David Archuleta, cuja presença foi confirmada pela própria Demi no MySpace, trazendo ainda mais glamour para a turnê.

O *Los Angeles Times* avaliou os vocais da artista e trouxe uma definição que explica exatamente o que Demi tentou expressar: um equilíbrio entre delicadeza e força. Algo que definia a própria Demi, que, na época, lutava delicadamente para se manter forte. Por fora, tinha uma couraça e parecia inatingível, por dentro, um vulcão em erupção não a deixava em paz.

Suas músicas traziam um mix daquilo que Demi tinha de melhor: "Every Time You Lie" tem inspirações delicadas de jazz, e uma energia que Demi qualificava como dos anos 1970. "Got Dynamite" tem um gênero mais forte, chamado pop punk, e metáforas adultas e cheias de insinuações.

Embora alguns críticos dissessem que o álbum não era tão divertido como o anterior, era claro que a cantora amadurecera e melhorara sua música em todos os aspectos.

A base sonora geral foi pop rock – e os temas trouxeram à tona alguns relacionamentos vividos por Demi, em um álbum mais pessoal que o anterior.

Os compositores ajudavam. Demi contava com nomes consagrados da música, como John Mayer, John Fields, Toby Gad e Nick Jones. Todos ajudaram para que as composições ficassem na medida certa: entre "açucaradas" e "apimentadas".

Quem acompanhou todas as suas fases pôde perceber que, embora Demi tenha dito que as músicas eram "estilo John Mayer", elas têm estilo próprio. Aliás, John Mayer era uma paixão à parte.

Inspirada pelo cantor e compositor, Demi não acreditava que estava ao lado dele compondo para seu próprio álbum. "Eu fiquei completamente chocada quando ele topou. Foi mais do que um sonho. Nunca pensei que o sonho se tornaria realidade, mas foi o que aconteceu", contou em uma entrevista quando descobriu que ele aceitara o convite para trabalhar com ela.

Os dois escreveram três canções juntos: "World of Chances", "Love Is the Answer" e "Shut Up and Love Me". Lovato achou absolutamente intimidante fazer as músicas com ele, pois estava muito preocupada com a opinião de Mayer.

Das três, a primeira foi a única faixa incluída na lista final do álbum. "World of Chances" foi inspirada pelas primeiras experiências amorosas de Demi. A cantora afirmou: "Eu me apaixonei e tive meu coração partido. Nunca tinha sentido isso antes, então foi interessante".

O que poucos sabem é que a primeira lista de faixas divulgada para o álbum tinha músicas diferentes das que foram lançadas.

Demi retirou a música "'Everything You Are Not" e esclareceu que se tratava de uma música sobre a relação com seu pai biológico, Patrick. "Na época que refleti sobre isto, percebi que não gostaria desse assunto sendo falado na casa de outra pessoa", revelou.

Outra composição, intitulada "Love Is the Answer" e elaborada com Mayer para o projeto, também ficou de fora, por motivos desconhecidos.

Segundo Demi, o principal diferencial do segundo álbum é que ele era "menos Jonas Brothers" e mais "ela mesma". "*Here We Go Again* é um pouco mais do que está vindo do meu coração. É mais de mim". No entanto, a única música composta exclusivamente pela cantora foi "Catch Me", que ela declarou ser sua preferida. "Escrevi sozinha em meu quarto. Ela significa mais do que qualquer outra para mim", declarou ao *The New York Times*.

"Um talento natural que pode realmente ir embora antes de crescer demais para a Disney."
Kerri Mason, *Billboard*

"Uma das características que fazem Here We Go Again *atraente é o fato de que a artista sabe cantar."*
Jeff Miers, *The Buffalo News*

"Lovato desejaria ser como Kelly Clarkson."
Cody Miller, *PopMatters*

"A maioria das faixas são padrão do pop rock, controladas por Lovato com absoluta competência."
Simon Vozick-Levinson, *Entertainment Weekly*

"Na maior parte do álbum, Lovato conduz um brilhante e triste papel de menina ingênua, usando saltos altos, que não tem medo de se expor, principalmente depois de um bom choro"
Margaret Wappler, *Los Angeles Times*

"Exatamente o que você esperaria de uma queridinha da Disney — é vibrante, contagiante e voltado para garotas de quatorze anos. Não é um disco ruim. É cheio de ritmos grudentos de rock e a voz de Lovato é forte. Ela tem um futuro brilhante, assim que se livrar das algemas do Mickey."
Bryan Borzykowsky, *Metro News*

"É como se Lovato tivesse pulado do bote da Disney para dentro do mar da genialidade musical, mas ainda tivesse ficado presa por uma corda de segurança pelo medo de se afogar".
Shaun Kitchener, *Trash Lounge*

Mais pitadinhas – Singles

"Gift of a Friend", faixa extra do disco, foi distribuída como um single promocional do filme *Tinker Bell e o Tesouro Perdido*, por fazer parte de sua trilha sonora. O clipe mostra Demi em um bosque e conta com trechos de várias cenas do longa.

O QUE VEM DEPOIS?

Em 2010, a série *Grey's Anatomy* chamou Demi para uma participação especial, na qual a garota aproveitou para soltar seus demônios. Ela interpretou uma jovem vítima de esquizofrenia, e sua atuação foi tão convincente e real que muitos se perguntaram de onde vinha tamanha inspiração para compor a personagem. O episódio foi um sucesso absoluto de público. Exibido em maio daquele ano, foi visto por aproximadamente onze milhões de telespectadores.

Foi também em 2010 que a cantora anunciou a *South American Tour*, que teria quatro apresentações. Demi passaria pelo Chile, pela Colômbia e pelo Brasil, onde receberia um disco de ouro da Associação Brasileira dos Produtores de Discos. Foi sua primeira turnê solo, e os ingressos se esgotaram rapidamente. Claro que os membros do fã-clube oficial tiveram o privilégio de adquirir antes de todo mundo, mas, depois, o público em geral teve acesso.

Em paralelo, Demi havia acabado de filmar *Camp Rock 2: The Final Jam*. Envolvida dos pés à cabeça na produção, ela também tinha participação na trilha sonora, gravada em conjunto com outros atores do elenco.

A trilha foi lançada com sucesso: começou logo na terceira posição da Billboard, com 41 mil cópias vendidas na primeira semana. No álbum, Demi aparecia autoconfiante como nunca. Atuava como vocal principal em duas das onze faixas da versão padrão.

E não poderiam faltar os tão esperados duetos com Joe Jonas. Aqueles que faziam as meninas suspirarem toda vez que ouviam, apaixonando-se pelo casal da ficção.

A estreia do filme foi em setembro de 2010, no próprio Disney Channel. E os números? Não poderiam ser melhores. Cerca de 8 milhões de telespectadores assistiram ao lançamento.

Para promover o filme e a trilha sonora, a Disney montou um verdadeiro arsenal de guerra. Além de divulgação em massa, foi realizada a *Camp Rock World Tour 2010*. Nela, os cantores davam vida aos personagens em pleno palco, levando os fãs ao delírio.

Porém, Demi deixaria a turnê antes do final. Ela finalmente aceitaria ajuda para exterminar seus fantasmas.

5

A relação com Joe: um verdadeiro conto de fadas?

Pausa dramática para analisar o título do capítulo. Afinal: Demi e Joe teriam realmente se apaixonado, ou teriam levado para a vida real uma história que todos gostariam que saísse da ficção? A garota dizia à mídia que não, não era apaixonada por Joe, que ambos eram velhos e bons amigos, nada mais que isso. Mas quem poderia resistir à magia da Disney de fabricar contos de fadas?

Joe e Demi tinham se conhecido nos bastidores de uma série de televisão que se tornara bem-sucedida. O casal era jovem, bonito e fazia duetos com músicas apaixonantes, daquelas que fazem as meninas suspirarem, sonhando com os momentos em que o conto de fadas aconteceria em suas vidas.

Joe Jonas tornara-se um dos queridinhos dos Jonas Brothers. Tinha seu próprio fã-clube e a cada minuto conquistava mais fãs enlouquecidas por seu rostinho e sua voz. E os fãs de ambos torciam por um relacionamento entre eles. As fãs dele não ficavam enciumadas com a presença de Demi, pelo contrário: torciam para que o namoro saísse das telas grandes para o mundo real.

A imprensa, em contrapartida, alimentava rumores de que algo estava rolando, e publicava fotos dos dois passeando juntos. Passeios que não mostravam nada além de dois amigos se divertindo ou jantando.

Até que um dia, Demi resolveu quebrar o sigilo: em uma entrevista ao programa *Access Hollywood*, ela confessou, deixando a imprensa superagitada: estava namorando Joe Jonas.

O radialista, que já suspeitava, fez a fatídica pergunta: "Você já namorou algum dos integrantes do Jonas Brothers?" Com aquele sorriso escancarado no rosto, Demi estremeceu. "Talvez." O entrevistador foi rápido no gatilho e perguntou, antes que ela perdesse a coragem: "Seria o Joe?"

E aqueles segundos, entre a pergunta e a resposta, foram como aqueles segundos que antecedem a batida de um pênalti num jogo de Copa do Mundo: torcedores em silêncio, só aguardando para vibrar e comemorar.

A cantora, enternecida, resolveu esclarecer os fatos de uma vez por todas. "É. Ele é meu melhor amigo." O radialista não podia perder tempo. "O namoro continua?" Demi não hesitou: "Ele é incrível. Perfeito. Um completo cavalheiro e me trata muito bem", descreveu, intensa e amorosamente.

Enquanto esteve junto, o casal viveu um conto de fadas real. Declarações apaixonantes mútuas em shows e no Twitter, fotos engraçadas de momentos íntimos (como o aniversário de um mês de namoro, na Disney, óbvio) e uma série de outras gracinhas típicas de namorados. Embora tivesse a aprovação das fãs, o namoro durou pouco. E foi Joe quem terminou.

O casal poderia ter dado certo, e o fim repentino deixou os fãs de Demi furiosos com o rapaz. As revistas da época afirmaram que o término teria sido pelo telefone, mas ela logo negou: "Há muitos boatos loucos voando por aí hoje", disse. "Eu gostaria de esclarecer algumas coisas. Em primeiro lugar, Joe e eu terminamos, mas não foi pelo telefone. As coisas não deram certo, mas nós vamos continuar amigos. Em segundo lugar, eu não estou namorando ninguém. Nada é tão importante para mim do que a relação que eu tenho com os meus fãs. Só achei que vocês deveriam saber disso."

O relacionamento teria terminado porque Jonas achava que ela trabalhava demais, e eles mal se viam. Quando não estava gravando *Camp Rock 2*, ela estava em turnê.

Tempos depois, Joe lançaria a música "I´m Sorry", que todos afirmam ser dedicada a Demi, sua eterna musa inspiradora. "A música é realmente honesta... Diz que eu estraguei tudo. Não enganei essa pessoa, apenas errei e a queria de volta... Eu só estou colocando tudo em cima da mesa e dizendo: 'Sinto muito. Eu gostaria de poder ter você de volta'", contou o bom moço, ainda sem revelar se se tratava de Demi Lovato.

Tudo aconteceu na mesma época em que Demi decidiu se internar numa clínica de reabilitação, o que deixou os fãs em choque: todos acharam que Joe teria sido a causa do sofrimento da garota, e ninguém o perdoava por isso.

Muitos fãs dos dois passaram a execrá-lo nas redes sociais.

Demi negou, tempos depois, de que o ex-namorado tivesse causado tudo. "Estava fora de mim durante todo o verão. Tinha a pior atitude que podia existir, me sentia como se eu estivesse me traindo. Isso é estar no fundo do poço", declarou, referindo-se aos ataques de automutilação, seguidos de uso intenso de drogas.

Demi era uma bomba-relógio prestes a explodir. A combinação de muito trabalho, autoestima vulnerável e um histórico de bulimia e episódios de *cutting*, somada ao uso de cocaína (que ela só admitiria um tempo depois), tornou a diva uma pessoa explosiva e intempestiva. E, num acesso de raiva, tudo explodiu.

Assumindo a própria escuridão para ressurgir como fênix

Demi ficava eufórica em dias de show, mas essa sensação não durava e ela tentava prolongá-la usando substâncias estimulantes, como a cocaína. Isso piorava o diagnóstico que ela mesma ainda não conhecia. Seu transtorno bipolar ainda não fora notado pelos familiares. Era uma doença silenciosa da qual ela sofria sem saber. Não era fácil perceber, afinal, quando não estava em shows, ela estava gravando, ou na estrada, ou em compromissos com a gravadora para a divulgação de seu trabalho. Mas quando voltava a seu quarto, não conseguia conviver consigo mesma.

As oscilações de humor causadas por essa doença podem ser agravadas por certos acontecimentos e atitudes, como o consumo de remédios para emagrecer ou cafeína. Demi era uma bomba-relógio. Com histórico de depressão, que havia se iniciado com os episódios de bullying sofridos na infância, relata que chorou muitas noites até a exaustão, sentindo toda a tristeza e angústia possíveis. A cantora se escondia de si mesma, guardava rancor daqueles que haviam cometido bullying, e tinha um ritmo de vida tão acelerado que sequer percebera o quão longe havia chegado, tudo o que conquistara. Quando vivia um turbilhão de emoções, Demi pensava em beber ou reprimir os sentimentos com os quais não conseguia lidar. Anestesiava-se com drogas, em vez de aceitar suas feridas.

Demi lutou com todas as suas forças contra o fantasma que vivia dentro de si e a assombrava quando estava sozinha. "Eu estava deprimida. Eu saía de um palco em frente a 18 mil pessoas e de repente estava em um quarto de hotel sozinha. Eu desabava e tentava recriar o sentimento [de empolgação]."

Mas um dia o tal fantasma resolveu sair e assombrá-la diante de todos. Demi estava num voo. Cercada por sua equipe, avançou na dançarina Alex Welch e lhe golpeou com um soco. Alex conta que Lovato bateu nela pois queria saber quem havia contado a seus empresários que ela havia saído na noite anterior a um show. Depois do episódio, a cantora assumiu que seu comportamento fora inadmissível e que precisava de tratamento.

"Lutei muito contra o transtorno bipolar. Não é porque sou uma estrela do pop que é tudo perfeito", contou a cantora, que hoje afirma ser a prova viva de que alguém pode amar e viver bem com o transtorno bipolar, se tiver orientação, apoio e o tratamento necessário. "É importante ter pessoas ao seu redor que te apoiem em momentos difíceis como esse."

Ainda sobre a doença, ela afirmou: "Eu me senti aliviada quando descobri. Eu não estou completamente louca, há uma razão médica para tudo isso. É uma coisa diária, você não tem descanso disso. Se eu me sinto escorregar de volta para os velhos padrões, eu tenho que pedir ajuda aos outros, e isso é difícil para mim. Porque eu realmente gosto de fazer tudo sozinha".

Seus problemas já existiam há muito tempo, sem que ninguém percebesse, embora Demi desse sinais de que algo não estava indo bem. Acostumada a fazer cortes nos pulsos, ela usava pulseiras para que ninguém pudesse vê-los. Mas nem sempre se lembrava de esconder as cicatrizes. Certa vez, depois de maquiar as marcas nos pulsos, Demi foi a uma festa sem suas usuais pulseiras. Foi quando fotógrafos do mundo todo clicaram seus braços e estamparam nas revistas, especulando o que seria aquilo. "Algumas vezes eu estava tão ansiosa, que sentia como se estivesse deixando meu corpo e que, se eu não fizesse algo para parar isso, iria explodir. Eu me automutilava para tirar a minha mente dessa ideia. Eu simplesmente não ligava para o que aconteceria depois. Não tinha medo algum", afirmou depois de sair do tratamento.

Na época, a diva pop não esclareceu nada aos fãs. Mas depois da permanência na reabilitação, resolveu se expor publicamente para que todos conhecessem sua história. A jovem diz que se abrir a ajudou a superar os problemas. E também ajudou milhares de fãs no mundo todo que sofriam silenciosamente com a mesma doença. "Cheguei a falar abertamente sobre o bullying que sofri na infância e adolescência, mas achei que jamais seria capaz de falar sobre as consequências que isso trouxe para minha vida. Nunca entendi por que as pessoas eram tão malvadas comigo. Cheguei a perguntar e o que ouvi foi: 'Bom, você é gorda'", contou a um programa de TV norte-americano. "Por isso, desenvolvi problemas alimentares. Posso dizer que durante 10 dos 18 anos da minha vida tive uma relação nada saudável com a comida."

A facilidade com que Demi passou a lidar com os fatos e relatá-los, após o tratamento, foi inacreditável. Ela se fortaleceu, parecia madura. Tinha notado que provavelmente não continuaria viva se continuasse a tratar seu corpo daquela maneira. Mas como conseguira esconder-se por tanto tempo?

Os fãs ficaram preocupados quando perceberam que o motivo era sério. E apoiaram-na abertamente, de todas as formas. Demi dizia que era um problema com o qual teria de lidar para o resto da vida. E ficou surpresa e chocada com a quantidade de pessoas dispostas a apoiá-la.

Era um trovão se abatendo sobre uma cidade em chamas, para trazer o anúncio de uma chuva abençoada e salvadora. "Eu esperava que as pessoas disessem 'Nossa, outra atriz na reabilitação'. Tive muito apoio dos meus fãs, e isso realmente me ajudou a enfrentar esse problema!", exclama ela, sabendo que sua autoconfiança nem sempre estivera em alta. "Em determinado momento, ninguém achou que eu fosse conseguir superar [os problemas emocionais]. Mas aqui estou, respirando e com o coração batendo, e é a isso que sou grata."

Mesmo tendo recuperado-se dos seus problemas, Demi ainda não se sente cem por cento confiante. "É difícil ficar em frente às câmeras quando você sofreu com um distúrbio alimentar. Eu ainda não me assisto na TV", confessou. Mas o buraco no qual se enfiou quando estava no auge da carreira e em sua pior fase emocional foi cavado com o uso de substâncias que a deixavam absolutamente fora do normal. Demi confessa que manipulava todo mundo que convivia com ela e mentia para poder fazer uso de cocaína. A substância servia para ela se anestesiar, ficar ligada ou até mesmo esquecer-se de quem era. Sua autoconfiança era à base de drogas. "Eu conseguia me esconder onde poderia usar sem ninguém ver. Eu não conseguia passar mais de trinta minutos a uma hora sem cocaína e levava a droga durante voos. Eu basicamente contrabandeava e apenas esperava até que todos na primeira classe adormecessem. Daí usava ali mesmo. Se tivesse que me esconder no banheiro, eu fazia. Mesmo sendo acompanhada por uma pessoa sóbria, alguém que me vigiava 24 horas e morava comigo, eu era capaz de esconder isso", relatou.

Como se não bastasse, o fato de ser famosa abria caminhos para que ofertassem de tudo a ela. Chegava em boates, e muitos *promoters* lhe ofereciam drogas aos montes, para mantê-la nos locais. Com muito pesar Demi contou isso a programas de TV, sem citar os locais onde acontecera.

Todos os problemas possíveis, que Demi muitas vezes atribui ao bullying, nasceram de sua inadequação social, e de sua imaturidade para lidar com questões emocionais. Na tentativa de sufocar todas seus sentimentos, a cantora abusava também da bebida e ela não percebia que se tornara alcoólatra. Só se daria conta da gravidade da situação quando, certa vez, percebeu que eram nove horas da manhã e estava vomitando no carro. Tinha tomado vodca escondida em uma lata de refrigerante para que ninguém percebesse que estava bebendo naquele horário. "Eu tinha todo o apoio do mundo, mas eu não queria isso. Foi quando me dei conta de que não era mais divertido, se eu estava sozinha. Eu realmente nunca falei sobre isso antes, e não sei se deveria estar compartilhando essas histórias. Acho que aos dezenove anos tive um momento que foi algo como 'Meu Deus isso é um comportamento alcoólatra. Eu sou uma dessas pessoas. Tenho que me recompor'", lembrou.

Na clínica de reabilitação, percebeu que muitas celebridades só iam lá para aproveitar o luxo. "Ir para a reabilitação não foi ideia minha, mas eu não contrariei. Foi realmente muito difícil e assustador. Eu estava com saudades de casa e solitária e, por vezes, pensei: 'Eu vou embora'. Mas minha mãe me disse que eu me arrependeria, que essa era minha única chance. Eu tinha 14 horas de terapia por dia. Ouvia música e aprendia a tricotar. Quando finalmente saí, era como estar deixando a prisão", desabafou Demi. Ela também tomou uma decisão radical, para impulsionar a mudança no seu estilo de vida: deixou de usar um celular. "Subconscientemente, era como uma muleta. Quando uma sala fica em silêncio, o que você faz? Pega o celular! Agora consigo me sentar e conversar com as pessoas", ela contou.

Procurar ajuda foi crucial para que Demi montasse o quebra-cabeça de sua mente e descobrisse como sair daquela teia. E quando saiu, ela floresceu como uma borboleta que sai do casulo, e inspirou milhares de jovens no mundo todo a buscarem ajuda. Era hora de renascer.

OUTRAS VERSÕES SOBRE O CASO NA IMPRENSA

Ao mesmo tempo em que Demi tentava levantar, sacudir a poeira e dar a volta por cima, uma multidão de pessoas engajadas em distribuição de fofocas gratuitas lucrava com o que acreditava ser o fim da carreira dela.

Quando foi divulgado que a cantora sairia de cena temporariamente para lidar com problemas emocionais, os sites de fofocas e revista especializadas esmiuçaram sua vida e encontraram várias versões distorcidas para os fatos.

© Chris Schwegler/Retna Ltd./Corbis/Latinstock

Tudo teria começado numa noite de sexta-feira, quando a cantora, até então com mais de 2,5 milhões de seguidores no Twitter, excluiu sua conta depois de ficar alguns dias sem postar nada.

Para os fãs foi mais que uma surpresa. Ficaram desolados e sem saber o que teria acontecido.

No dia seguinte ela estaria no Peru, ao lado dos Jonas Brothers, para a abertura de um show. Mas o espetáculo começou sem a diva, e os presidentes do fã-clube dos Jonas Brothers no Peru afirmaram que a ausência de Demi tinha motivos de força maior. Ela estaria passando por um momento delicado de saúde e teria sido obrigada a cancelar sua apresentação. No dia seguinte, vazou para a imprensa a informação de que ela estaria se consultando de emergência com um médico no Peru, devido a problemas respiratórios.

Sites do mundo todo especulavam o que teria acontecido. Por que Demi não tinha se apresentado? Teria alguma relação com a urgência médica? Teria brigado com Joe? Foi quando surgiu o comunicado oficial, dizendo que, depois de 44 shows pelos Estados Unidos e América do Sul, a cantora estava doente e cancelaria sua participação na turnê *Live in Concert* dos Jonas Brothers.

Os fãs de Lovato ficaram em pânico. E #prayfordemi tornou-se Trending Topic mundial no Twitter. Todos estavam preocupados, já que, até então, ninguém sabia o que se passava na vida da garota. Ninguém conhecia o histórico de bulimia, automutilação, uso de drogas, álcool e o transtorno bipolar, que só seria descoberto depois.

As versões sobre os fatos eram tantas que chegou a circular a notícia de que Demi estaria grávida.

Até que uma fonte não identificada afirmou que ela estaria mentalmente esgotada. O que não deixava de ser verdade. De acordo com essa fonte, que também desmentiu o boato da briga com os meninos, os problemas emocionais teriam desencadeado crises de asma e prejudicado as cordas vocais de Demi.

Dois dias depois veio a notícia: um representante da cantora disse que ela tinha deixado a turnê para buscar tratamento médico para problemas emocionais e físicos. E que isso duraria algum tempo. Demi decidira assumir a responsabilidade por suas ações e procurara ajuda.

Em paralelo, começava a surgir o boato de que ela teria agredido a dançarina dos Jonas Brothers. Muitos se perguntavam se essa era a causa do afastamento. Fontes afirmaram que a briga teria sido definitiva para que Demi fosse internada.

Para piorar o quadro geral, saiu o boato de que Joe Jonas teria se aproveitado de Demi e a namorado por causa da publicidade que o relacionamento traria. Eram os ingredientes que faltavam para que a imprensa montasse um grande circo, acusando Joe e transformando a cantora em mártir.

Aquilo era demais para os fãs de ambos. A história parecia trama de novela. E, se fosse verdade, parecia uma boa explicação para os problemas da cantora.

Seria o cantor Joe Jonas, o príncipe das meninas, o astro da Disney, um grande vilão que roubara e destruíra o coração da inocente mocinha? As pessoas começaram a se lembrar das fotos dos pulsos cortados de Demi, e muitos perceberam que ela já estava em apuros havia algum tempo. Mas os representantes de Demi negavam que a automutilação fosse o verdadeiro motivo da internação. E, na verdade, não era mesmo.

Aí surgiu mais um fator para atrapalhar essa história. Se os sites de fofoca, jornais, tabloides e revistas especializadas só falavam naquilo, especulando os motivos da internação de Demi e querendo saber o porquê de ela ter largado a turnê daquele jeito, quando surgiu a notícia de que Joe Jonas estaria namorando a atriz Ashley Greene, todos fizeram questão de colocá-la na jogada.

Na noite em que Demi se retirara da turnê, Ashley tuitou "Hoje a noite foi incrível", o que só piorou as fofocas. Um site chegou a afirmar que a cantora mandara um e-mail para a atriz, acusando-a de ter roubado seu namorado.

Muitos começaram a afirmar que Demi teria, inclusive, gritado e ameaçado Ashley, pois não superara o término da relação. Ashley desmentiu o ocorrido numa entrevista e afirmou, categórica, que tinha se dado bem com Demi nos bastidores de um show.

Joe Jonas também fez uma declaração, dizendo que sempre tenta ser amigo das ex-namoradas, e que às vezes não consegue isso. Mas que com Demi tudo era muito amigável e não havia nenhum drama.

Enquanto isso, Alex Shorty, a dançarina envolvida nos boatos, apareceu, dizendo que processaria Demi por agressão. A moça inclusive mostrou fotos dos hematomas, confirmando o incidente. Ela teria falado com advogados e tomado ações legais contra Demi.

No meio dessa bagunça, sobrou até para Patrick, o pai biológico da atriz. Fãs chegaram a ameaçá-lo de morte por considerá-lo culpado pela internação da cantora.

No dia 24 de novembro de 2010 foi divulgado um vídeo de Demi desejando feliz Dia de Ação de Graças. Mas os fãs ficaram frustrados quando souberam que o vídeo fora gravado antes da internação.

Ninguém sequer sabia como ela estava, e nenhuma notícia oficial era divulgada sobre seu estado de saúde.

A primeira pessoa a afirmar que Demi estava bem foi a assistente do centro de tratamento onde ela estava internada. Contou que a cantora tomava sol de vez em quando e que ficava feliz ao ver familiares e entusiasmada para voltar ao trabalho musical.

Um representante do Disney Channel também afirmou que Nick Jonas e Miley Cyrus estariam em contato direto com Demi, dando uma força para a cantora. A avó de Demi, inclusive, chegou a tuitar para Nick e agradecer o apoio que ele estava dando à sua neta.

No Natal, Demi saiu da clínica para passar a data em família. Algumas fotos foram divulgadas, mas ela logo voltou.

Em janeiro, mandou aos fãs sua primeira mensagem em muito tempo.

"Quero agradecer a todos os amigos e fãs que votaram em mim para o People's Choice e o Hot Hits Hottest Teen Stars de 2010. Quero que meus fãs saibam o quanto estou agradecida por todo o amor, o apoio e as orações durante este período difícil. Obrigada por estarem ao meu lado durante tudo isso."

Mesmo assim, foi só quando saiu da reabilitação que Demi contou para o mundo todo o que acontecera: "Basicamente tive um colapso nervoso. Estava realmente mal. Meus pais e meu empresário me chamaram e disseram: 'Você realmente precisa buscar ajuda'. Foi uma intervenção. Queria me livrar dos meus demônios internos, recomeçar", disse à revista *Seventeen*, na qual estrelou a campanha "Pressão para ser perfeita", com conselhos para adolescentes em uma coluna quinzenal.

Demi contou que ainda há momentos de fraqueza em que periga voltar à bulimia e à automutilação. "Há momentos em que eu fico tentada a não jantar... Vou ter que lidar com isso pois esta é uma doença para o resto da vida.

Não acho que vou conseguir passar um dia sequer sem pensar em comida ou no meu corpo, mas estou lidando com isso", disse. "Eu não posso lhe dizer que não vomitei desde o tratamento (...) Eu não posso lhe dizer que eu não me automutilei desde o tratamento", contou. "Tem sido uma luta diária", acrescentou. Para se fortalecer ainda mais, ela aprendeu a não ligar para as opiniões alheias. "Não deixo mais as opniões dos outros me incomodarem. Eu sei que sou feliz e isso é o que importa para mim. E tudo bem ser egoísta assim de vez em quando, se isso te fizer bem... Temos que fazer o que nos deixa felizes e não ficar ligando para o que os outros pensam."

UNBROKEN

"Eu amo estar de volta ao estúdio! É muito terapêutico poder expressar meus sentimentos e usar minha música para falar sobre quem realmente sou. Também ajuda que eu seja tão sortuda por trabalhar com pessoas tão talentosas nesse disco! Com meu novo álbum, espero poder levar inspiração para as garotas de todos os lugares que estão passando pelos mesmos problemas que passei. Eu acho que isso estará em boa parte do material. [...] Há definitivamente várias emoções sendo colocadas nele. Eu me sinto abençoada, inspirada e nervosa por antecipação, mas, principalmente, animada com o futuro."

— Demi Lovato

Ressurgir. Esta é a palava que define a nova Demi.

Ela saiu da reabilitação com força total, sem medo de encarar a realidade, sem pudores ao falar abertamente sobre sua doença e os transtornos que motivaram a permanência na clínica de reabilitação, Demi voltou como uma nova mulher. "Todos os dias temos oportunidade de crescer. É só aceitar a si mesma" ela repetia, como um mantra.

Na reabilitação, percebera que tinha uma parcela de culpa no agravamento da própria situação. Era dependente, e não tinha buscado ajuda no momento em que mais precisava. Guardara para si todos os problemas, e as consequências deles. Dúvidas, distúrbios, inquietações e medos estavam escondidos no armário, apavorando sua mente noite após noite, fazendo-a usar cada vez mais recursos para fugir de si mesma e dos monstros que criara.

O fantasma, liberto, não a assustava mais. Renascida, tinha saído da clínica de reabilitação como uma nova mulher. Foi assim que começou a trabalhar em seu terceiro álbum. E foi assim também que resolveu dar um novo rumo à sua vida, anunciando que não voltaria mais para a série *Sunny Entre Estrelas*. Era hora de se dedicar exclusivamente à música.

Sua vida - que até aquele momento era dividida entre a televisão e os shows - se tornou mais sólida. O novo álbum, *Unbroken*, era a reviravolta para a vida da nova Demi Lovato.

O primeiro single do disco chamava-se "Skyscraper", e não poderia ser diferente: uma balada sobre superação que dizia "vá em frente e tente me derrubar/eu vou me levantar do chão, como um arranha céu".

Kerli Kõiv, uma das compositoras, afirmou que a inspiração para a escrita foi "uma imagem do apocalipse. O mundo estava em ruínas e no meio de todas as construções desmoronadas havia um arranha-céu ainda de pé".

Na primeira vez que cantou a música, Demi se derreteu em lágrimas. "Eu me lembro de pensar que aquele choro era um pedido de ajuda porque eu não tinha contado para ninguém sobre meus problemas, e precisava de ajuda. Eu a gravei de novo, depois da reabilitação, porque a minha voz está bem mais forte agora que eu parei de vomitar depois de cada refeição. Para mim essa música é um símbolo, a canção que gravei depois do tratamento e que passa uma mensagem. Ela representa tudo o que eu quero falar sobre procurar ajuda", contou na época do lançamento.

Demi teve o cuidado de selecionar cada detalhe para o clipe. Não queria que fosse um vídeo sobre roupas, glamour e make. "Eu chorei fazendo o clipe. Enfrentar meu problema foi difícil, mas eu nunca iria esconder, porque as pessoas descobririam uma hora ou outra", esclareceu.

Depois da reabilitação, Demi recebeu inúmeras cartas de fãs dizendo que pararam de se cortar por causa dela, por isso acredita que a canção também pode inspirar as pessoas.

Uma música assim não poderia ter outro destino: foi direto para as baladas da Billboard e depois ganhou um disco de platina por ultrapassar um milhão de cópias vendidas nos Estados Unidos.

O vestido que Demi usou no clipe, comentadíssimo nas redes sociais, tinha sido um presente de sua mãe. E o coração de cristal representava ela própria. Os famosos que ouviram a música, como Taylor Swift, disseram ter se emocionado instantaneamente. "Ouvia a música na rádio e não parava de chorar", disse Taylor.

Até hoje, "Skyscraper" é o clipe mais acessado da cantora no YouTube. Cheio de emoção (ela conta que teve de retocar a maquiagem diversas vezes, porque chorava muito durante a gravação), tem lágrimas e força na voz, nas atitudes e no âmago. É um daqueles clipes que deliciam e transmitem força, repleto de elementos figurativos que trazem esperança, que foi o tempero ideal para demarcar o retorno de Demi.

Agora a cantora precisava promover seu álbum. E para isso, entrar em turnê. Seu maior medo vinha do fato de que não tinha mais suas muletas emocionais. Não contaria com álcool, drogas ou qualquer analgésico para suas emoções. Teria de enfrentar o público, as críticas e todas as suas emoções mais complexas de cara limpa.

Mas Demi tinha uma força escondida dentro de si. O medo, que a destruíra no passado, se fazia presente, mas era verbalizado em vez de reprimido. Assim, ela não dava forças a ele, e contava com a ajuda dos fãs para se superar a cada dia.

As turnês *An Evening with Demi Lovato, A Special Night with Demi Lovato* e *Demi Lovato Summer Tour* foram bem-sucedidas, com os fãs se deliciando a cada melodia. A faixa de abertura do álbum, "All Night Long", tem influência hip hop e divaga sobre "como era ficar acordada a noite toda e cantar isso para o garoto de quem você gosta", explica a cantora.

Já "Who's That Boy" foi a faixa que deu esperanças de uma Demi mais humana. A letra fala sobre uma garota que se apaixona por um desconhecido e deseja conhecê-lo melhor. "Todos queriam ouvi-la falar sobre isso", conta o produtor Ryan Tedder, que acredita que essa canção foi crucial para que todos entendessem que Demi ainda era jovem e queria se divertir, mesmo com muitos achando que ela ficaria "careta" após a temporada na reabilitação. E se tem algo que não a define é essa palavra. Se reinventando a cada momento, Demi tornara-se figurinha carimbada nos programas de entrevista. Suas entrevistas eram recheadas de respostas incrivelmente sinceras que ganhavam a simpatia do público.

Ela se tornara um ícone entre jovens, que apoiavam sua nova trajetória. Defendia aqueles que sofriam bullying, sem vitimizá-los e dava suporte para que procurassem ajuda e contassem com apoio. Também era a favor do enriquecimento da autoestima, e de não ligar muito para o que estavam falando. E, além de tudo, defendia que todos passassem pelos problemas "de cara limpa", sem álcool, drogas ou outros estimulantes.

A balada "Together" também conquistou o mundo: gravada em dueto com Jason Derulo, fala sobre como é possível mudar o mundo quando as pessoas se unem. A mensagem tornou-se o hino das fãs de Lovato, que se encantaram com a postura da musa em se abrir em relação aos problemas que a haviam afetado.

A música "Lightweight" fala sobre o que todas as mulheres precisam ouvir antes de começar um relacionamento: como confiar em alguém apesar do medo de se machucar.

Em "Unbroken", a faixa favorita de Demi, a cantora dá uma volta por cima: fala sobre estar pronta para deixar de lado suas decepções com relacionamentos amorosos e dar a chance para uma nova pessoa.

O amor foi a tônica para encantar em muitas músicas do álbum. Em "Hold Up", ela declara paixão aos quatro ventos. O recado é para se render ao amor e abrir mão de tudo. Quem ouve, sente cheiro de esperança no ar e até imagina um doce encontro com a pessoa amada, tamanha a emoção que a cantora passa em sua voz.

Em "Mistake", ela provoca uma revolução nos términos de namoro. Falando sobre essa letra, esclarece: "Eu achei realmente interessante. Uma visão diferente de um rompimento. Em vez de se sentar pelos cantos sentindo o coração partido, você pode ouvir esta canção e se sentir quase poderosa, pensando 'Eu não vou deixar isso me manter para baixo. Foi o maior erro *dele*'".

Mas a faixa que estourou foi o segundo single do álbum: "Give Your Heart a Break". Nessa música com batida eletrônica, é hora de a cantora mostrar que não é como as outras garotas – para tentar conquistar um coração magoado. "Give Your Heart Break" garantiu o #16 lugar na Billboard.

Já a história de "In Real Life" teve um quê de magia. O compositor William James McAuley (conhecido como Bleu) e Lindsey Ray, produziram uma demo e, como sabiam que Demi queria músicas mais adultas e modernas, correu atrás da gravadora dela. Horas depois, ele recebeu uma ligação dizendo que Demi tinha adorado a música.

A canção "For the Love of a Daughter", que fora composta para o álbum antecessor, finalmente entrou neste. Demi acredita que não tinha entrado antes porque, quando ela estava no Disney Channel, tinha medo de as crianças ouvirem suas músicas e pedirem explicações aos pais. E como trata-se de uma letra profunda, Demi deixou para depois. Trata-se da relação da cantora com seu pai biológico. "Acho que todo mundo – bem, um monte de gente – passa por essa situação quando os pais se divorciam, e o que eles não percebem é o quanto isso realmente te afeta [...] Eu não estava planejando compor uma canção tão profunda, mas... ela surgiu".

As parcerias para o álbum foram surgindo por pura sinergia. Com o rapper Timbaland por exemplo, a coisa fluiu assim: ele tinha postado um vídeo no YouTube dizendo o quanto achava Demi incrível. Estava impressionado com ela e, mesmo não se considerando uma pessoa que se agrada facilmente, ele não economizou elogios. Aí, ela viajou para Miami e eles foram apresentados por um amigo em comum. Ponto para os dois, que começaram a trabalhar juntos. Timbaland também foi o produtor de "Together" (dizem que eles gravaram das três às nove da manhã para que seus horários coincidissem e conseguissem trabalhar juntos).

Na faixa "All Night Long", Demi ainda conta com o rap de Missy Elliott, que caiu praticamente de paraquedas no projeto. "Eu estava tão animada quando entrei no estúdio! Estava trabalhando com Timbaland e Missy estava lá [...] ela ouviu uma das canções e perguntou se podia fazer rap nela. Eu fiquei tipo, 'É claro, nem precisa pedir'. E ela fez e foi maravilhoso", explica a cantora.

Outra parceria importante foi a do vocalista da banda One Republic, Ryan Tedder. O astro afirmou que não fazia a menor ideia do quanto a voz de Demi era potente. Na época afirmou que estava ao lado de uma das melhores cantoras que conhecera na vida.

Já a produção de "In Real Life" ficou a cargo do músico Bleu, que afirmou ter ficado extremamente envergonhado quando conheceu a diva. O espaço onde trabalhava era pequeno e ele achava que não seria o lugar adequado para estar com ela. Segundo Bleu, ela foi incrível. "Versátil, sabia as partes dela e tinha uma espontaneidade incrível" afirmou, encantado com a musa.

O resultado de tudo isso (e a prova de que dedicação nunca é demais) logo apareceu: em setembro de 2011, Demi fez dois shows para divulgação de *Unbroken*: os ingressos do primeiro, que seria em Nova York, se esgotaram em quinze minutos; os do segundo, em Los Angeles, em meia hora.

A cantora também participou da "Jingle Ball", uma pequena turnê realizada pela rádio Z100 no final de 2011, ao lado de astros como Kelly Clarkson, Lady Gaga, The Script e David Guetta.

As críticas

Demi sabia que teria de lidar com as críticas "pós-centro de reabilitação".

Diferente de antes, ela estava sóbria, feliz e encarando os problemas de outra maneira: falava sobre eles e expunha todos os seus sentimentos. Sua maneira de lidar com tudo à sua volta se refletia na música, fato que os críticos não deixaram escapar.

"Há duas maneiras de pop stars fazerem um 'álbum de sobrevivente': ou cantando tudo por meio dos problemas, como Christina Aguilera, ou fazendo como Rihanna e dançando até esquecer o que deveria estar superando. Em seu primeiro lançamento após deixar uma clínica de tratamento, Demi Lovato quer usar as duas maneiras. [...] Este ano claramente foi difícil para Lovato. Mas às vezes anos ruins rendem ótimas canções."

Melissa Maerz, *Entertainment Weekly*

"Repleto de faixas consistentes, que vão de baladas emocionais (como 'Skyscraper') a canções pop divertidas, como sua colaboração com Dev em 'Who's That Boy', o alcance do talento de Demi é brilhantemente posto em prática em seu terceiro álbum. [...] O disco de quinze faixas começa com canções pop animadas, incluindo sua parceria com Missy Elliott e Timbaland em 'All Night Long', e gradualmente se torna mais sério e emotivo com seu single *'Skyscraper', e a canção sobre seu relacionamento nada perfeito com o pai, 'For the Love of a Daughter'."*

Kirstin Benson, *Hollywood Life*

"*Demi sempre foi a menos previsível, musicalmente, da sua geração da Disney. Em "My Love Is Like a Star" ela pareceu ter canalizado a alma da Mary J. Blige.*"
Jon Caramanica, *New York Times*

Influências e estilo

Quem ouve Demi Lovato com suas baladas românticas, pop, pop rock ou power pop, nem imagina o quanto ela foi apaixonada por heavy metal, especialmente black metal e metalcore. Uma de suas influências foi a banda Dimmu Borgir.

Em seu primeiro álbum, seu som pop rock e power pop foi comparado ao dos Jonas Brothers, principalmente por que os meninos tinham participado ativamente de todo o processo, ajudando a compor e produzir o disco. Na época, a cantora também foi influenciada por Kelly Clarkson, Christina Aguilera, Aretha Franklin e Gladys Knight. Sobre Aretha, ela comentou que a cantora a inspirou por colocar nas músicas seu coração e alma.

Em *Here We Go Again*, Demi apostou em um um som pop rock, mas com influência soul. E é claro que teve o dedo de John Mayer, que, na época, foi até citado como suposto affair da cantora, devido à grande troca de mensagens entre os dois no Twitter.

No álbum *Unbroken*, seu som passou a ser mais pop e R&B, com influência de cantoras como Rihanna e Keri Hilson. Lovato trabalhou com os produtores Timbaland, Ryan Tedder, Rock Mafia, Toby Gad, entre outros.

VOZ

As performances vocais de Demi sempre foram impressionantes, fossem em seus primeiros álbuns, ou nas apresentações ao vivo.

Para a *Billboard*, "enquanto outros artistas da Disney precisam de muita edição e camadas de efeitos, Demi Lovato soa melhor com pouca produção". Ou seja: na verdade, ela não usa edição digital em suas músicas, ao contrário do que afirmou maliciosamente um participante do *The X Factor* quando ela era jurada. O homem, prestes a ser eliminado do programa, citou Demi como uma "cantora que usava Auto-Tune". Embora Britney tenha entrado na conversa e defendido a amiga, Demi nunca se pronunciou a respeito. E o mau entendido foi visto por milhões de pessoas no YouTube.

O talento natural de Demi sempre foi exaltado pelos críticos de várias partes do mundo. Ninguém consegue ficar imune ao ouvir aquela voz marcante, forte e harmônica.

Cody Miller, do *PopMatters*, elogiou não só o vocal da garota, como o seu carisma durante as gravações. O crítico do *The Buffalo News*, Jeff Miers, afirmou que Demi sabe realmente cantar, ao contrário das outras estrelas Disney.

Ele se referia aos colegas do Disney Channel da época em que Demi esteve no canal.

Mas o que ficou marcado na carreira da cantora foi o amadurecimento de sua voz, aos dezenove anos. Prova disso é que fãs no mundo todo se dedicam a fazer edições de vídeos no YouTube comparando a voz da cantora no início da carreira e atualmente. Fechando os olhos, percebe-se que a voz realmente se modificou e agora traz mais emoção, harmonia e afinação.

A voz forte e versátil da diva cai bem com sua personalidade de musa teen, cheia de gás para fazer o que tem que ser feito: brilhar, por onde estiver.

CABELOS

Pausa para os cabelos.

Curto, comprido, enrolado, loiro, ruivo, castanho, rosa... Como você prefere?

Demi Lovato testa em si própria todos os cortes e tons. Sem medo de se reinventar, ela já foi a extremos, de loiros platinados a pretos azulados, passando por um azul tão gritante quanto o de uma arara.

Ela não tem medo do que a crítica pode falar de seu cabelo. Sente-se poderosa colocando para fora sua autenticidade, mudando corte, cor, estilo e ganhando nova personalidade a cada retoque.

Demi renasceu depois do tratamento, e resolveu se reinventar, porque ela pode! Pode ousar e usar a cor de cabelo que quiser. Demi, em suas múltiplas facetas, fica ainda menos previsível. Qual será a próxima cor? E o próximo corte? Nunca sabemos.

Castanho, liso e com franjinha

Quando contracenava com Joe em *Camp Rock*, Demi era mais atriz do que cantora. A leonina ainda era tímida. E isso era nítido em seu jeito de se vestir e usar o cabelo. Não ousava, tinha medo de errar ou desapontar os fãs. E talvez, por causa da idade, ainda tinha certas restrições a grandes mudanças. Por isso, e talvez por imposição do Disney Channel, mantinha-se mais discreta. Mesmo assim, era um arraso.

Nos Estados Unidos, o visual representou uma categoria: das mocinhas do bem, queridas pelo público e amadas pelo cara mais gato da escola.

Castanho, sem franja e ondulado

A versão seguinte de Demi era um pouco mais despojada, com cabelos de lado. A franja crescia e ganhava outros contornos, e o cabelo, algumas ondulações que caíam bem na altura do ombro.

Demi era adolescente quando adotou esse estilo, que não ousava muito, mas foi a primeira mudança notada pelos fãs.

Preto, enrolado e curto

Aí Demi escureceu os cabelos para uma personagem e ganhou um destaque no sorriso. Foi o bastante para ser copiada mundo afora. O cabelo ganhava volume e ela perdia a cara de menina.

Como se gritasse para todos: "ei, eu não sou mais a menininha de *Barney e Seus Amigos!*"

Todos sabiam que ela estava crescendo.

Preto, comprido, enrolado e com franjinha discreta

Então o cabelo começou a crescer e Demi não se intimidou: personificou a poderosa e deu uma repicada para que as madeixas ganhassem volume. A franja, que já fora destaque, estava lá, mas escondidinha de lado, para dar um charme no rosto perfeito. A atitude da diva também parecia mudar – tinha mais estilo, era mais despojada e não parecia mais ser a certinha da vez.

Preto, liso e repicado nas pontas

Quando Demi resolveu alisar os cabelos novamente, as meninas aprovaram o visual, que se tornou uma constante na vida da atriz.

Quanto a esse tom sóbrio, foi ótimo para fazer shows. Fotogênica, ficava bem nas fotos e ensaios. Mas o visual não durou muito.

Comprido, enrolado e com mechas loiras

Demi não parecia a mesma quando resolveu investir em seu *sex appeal* e aparecer sensual a ponto de enlouquecer jovens e marmanjos. Apostou em um cabelo volumoso, ondulado e com luzes californianas, que sempre colocava para frente.

Era a Demi sedutora que começava a dar o ar da graça – na mesma época, ela apostou mais em decotes e roupas justas.

Estava certa de seu poder de sedução. E não negava que se achava muito sexy.

Comprido e uniforme

Demi logo mandou embora as mechas loiras nas pontas e deixou o cabelo uniforme. Adotou um tom achocolatado e ganhou novas adeptas no mundo da moda. Sempre com seu batom vermelho e marcante, era bem assessorada para compor seu visual. Parecia que finalmente sossegaria e ficaria com aquele cabelo para o resto da vida. Mas não foi o que aconteceu.

Ruiva matadora

Demi aproveitou os cabelos escuros para se tornar a nova ruiva do pedaço, parecida com as vampiras de *Crepúsculo*. O tom dos cabelos levantava a suspeita de que ela voltaria a atuar em algum filme. Mas isso não aconteceu: era apenas a expressão de Demi ganhando forma.

Loira fatal

Embora muitos dissessem que não combinava muito com ela, por um bom tempo Demi usou os cabelos descoloridos, estilo Rapunzel, muito compridos e bagunçados.

Mais uma vez, era copiada por fãs do mundo todo, que não contavam com a rapidez com que ela mudaria o visual novamente

Loira de franjinha

Aí Demi assumiu um ar mais sério. Voltou em cena sua velha amiga, a franja, e o corte repicado, mas totalmente liso, deixando os velhos cachos de lado.

Os fotógrafos já sabiam que era difícil identificar Demi nas premiações: ela era um camaleão.

Cabelos cor-de-rosa

Quando a cantora surgiu com os cabelos cor-de-rosa, o mundo de muitos ficou de pernas para o ar. Afinal, que mal havia em mudar a cor dos cabelos, usando um visual bem diferente?

Cabelos azuis

Não foi só o rosa que fez a cabeça de Demi. Do lavanda ao anil, a diva já abusou de vários tons de azul. Mas o tom que mais fez sucesso foi o azul forte, que destacava a estrela de Demi. Curto ou preso, deixava seu rosto mais iluminado. E luz era o que nunca faltava a Demi Lovato.

Rosa e raspado de um lado só

Ela inclusive já usou ele rosa e com *undercut*, o que virou tendência imediatamente depois que postou a foto no Instagram.

Moça, menininha, radical, punk, roqueira, hippie, sedutora. Ela já usou todos os tipos de visuais.

TATUAGENS

Muitas vezes quem faz tatuagens gosta de marcar um momento específico da vida, ou colocar em evidência algo que as pessoas desconhecem sobre si. Elas também podem funcionar como pura arte corporal, como expressão livre de criatividade, ou como exposição de significados ocultos.

Demi, com tantas histórias de vida, superação e sonhos, fez questão de se inspirar a partir das suas tatuagens. Começou aos dezoito e nunca mais parou. Cada uma traz um significado, um convite para desvendarmos a personalidade da cantora.

You make me beautiful

Aos dezoito anos Demi resolveu fazer sua primeira tatuagem. Nesta idade já não precisaria de autorização dos pais e sabia mais ou menos o que tatuar.

Escolheu uma parte do corpo onde a dor é significativa: sobre as costelas. Uma atitude ousada para uma iniciante. Porém, o local fica um pouco escondido, o que possibilita que Demi esconda ou revele a tatuagem quando quiser.

A frase escolhida, *You make me beautiful*, é um trecho de uma música chamada "Beautiful", de Bethany Dillon.

Faith

Se tem uma palavra que representou e representa Demi Lovato até hoje, essa palavra é "fé".

A cantora acredita em seus sonhos, batalha por eles, acreditou em sua recuperação e se tornou fonte de inspiração e coragem para muitos.

Demi, que confessa ser uma pessoa que está sempre ligada com Deus, tem uma fé que "move montanhas". Ou, pelo menos, move multidões ao redor de si.

Rock and Roll

Demi tatuou *Rock and Roll* entre os dedos, local que deixa a tatuagem escondida e facilmente apagável, exigindo um cuidado maior. Mas todos sabem que a escolha do tema diz respeito a um estilo musical do qual a cantora gosta e com o qual se identifica, bem como a uma atitude e um estilo de vida.

O beijo

A tatuagem em forma de beijo que Demi fez em seu pulso tem uma razão de ser: suas amigas Hanna Beth, Ivey

Ensley e Lauren Pietra têm a mesma imagem em diferentes partes do corpo. Como um selo de amizade, elas fizeram as tatuagens para marcar na vida e na pele a sua união.

A cruz

Quando Demi tatuou uma cruz na mão direita, muitos se perguntaram qual seria o motivo. Ela explicou em entrevistas que queria algo com significado religioso, que a fizesse lembrar de Jesus em seus momentos mais felizes. A ideia surgiu quando segurava o microfone, então ela decidiu fazer a tatuagem na mão direita para que todos soubessem que pensa em Jesus e agradece a ele todas as vezes que canta.

Uma demonstração de fé e religiosidade em seu dia a dia.

A pena

Um dos lugares em que a dor é mais intensa ao se tatuar é na cabeça. Mas isso não impediu que Demi fizesse um desenho atrás da orelha.

Ela tatuou uma pena, por achar o desenho simbólico e bonito. Uma pena tem origem definida, mas é livre para voar para onde quiser. É sempre leve e traz poesia para a vida.

Peace

Se entre os dedos da mão direita Demi tatuou *Rock and Roll*, na esquerda lê-se *Peace*, que significa paz.

Paz é algo que Demi busca constantemente, desde que saiu da reabilitação. Procura paz quando está em sua casa, com os amigos, e até nos momentos de turbulência emocional.

Let God. Let Go

Quem nunca tinha reparado que os dois pés de Demi são tatuados? Embora parecidas, as tatuagens *Let God* e *Let Go*, têm significados diferentes.

Com *Let God*, Demi queria incentivar que as pessoas deixassem Deus entrar em suas vidas. E deixar os problemas e tudo nas mãos Dele.

Já *Let Go* quer dizer "deixe ir", "solte" ou "vamos".

As tatuagens também podem ser interpretadas como "vamos com Deus" ou "deixe ir com Deus", dependendo do ângulo em que seus pés estão posicionados.

Stay Strong

Talvez a tatuagem mais famosa de Demi seja esta *Stay Strong*. É a tatuagem de que ela mais fala nas entrevistas e sobre a qual mais se comenta.

Quando saiu do centro de reabilitação, Demi as tatuou, para que, quando olhasse para os pulsos, lembrasse de ficar forte. *Stay Strong* tem um significado marcante para Demi, justamente nos pulsos, onde tinha tantas cicatrizes decorrentes das automutilações.

Hoje quando acorda, ou tem qualquer compromisso importante, antes dos shows, ou até mesmo quando está sozinha, olha para elas em seu quarto e mentaliza "fique forte", para que tudo dê certo.

Parece estar funcionando como um mantra. E ajudando-a a se manter forte.

Pássaros

Os pássaros recentes tatuados no braço direito de Demi ilustram a palavra "fé", que já estava ali há algum tempo.

Eles simbolizam liberdade, movimento, e um ciclo da vida.

Now I´m a warrior

"Agora eu sou uma guerreira", disse Demi quando tatuou nas costas um trecho da faixa "Warrior".

Para ela, guerreira por natureza, cujos obstáculos são superados a cada dia, tatuar isso no corpo significa que continua na luta diária contra seus demônios e fantasmas.

O resumo de suas tatuagens pode mostrar uma Demi de personalidade marcante, mas que está sempre disposta a se superar.

Com fé, esperança, força e religiosidade, Demi tenta encontrar a paz e demonstra que o caminho é ficando forte para continuar a lutar por sua vida.

8
The X Factor

Quando Demi foi cogitada para entrar na bancada de *The X Factor*, houve uma divisão: alguns achavam que ela seria perfeita para a função, outros acreditavam que ela era jovem demais para o posto.

A competição musical exibida desde 2004 tem o objetivo de encontrar novos talentos da música. É um *reality show* criado por Simon Cowell, que acredita que o "fator x" seria algo indefinível, que faz de uma pessoa um artista.

Partindo dessa definição, Demi seria a *"x factor"* perfeita para o posto. "Demi teve uma ótima carreira na música, em filmes e na televisão para alguém da idade dela. Ela é jovem, confiante e entusiasmada. Acho importante que fale com nosso público mais jovem", concluiu Simon, para acabar com qualquer tentativa da mídia de boicotar a cantora.

O painel oficial de jurados foi composto por outra diva da música, que se tornou grande amiga de Demi: Britney Spears. As duas, que coincidentemente começaram suas carreiras na Disney, substituiram Paula Abdul e Nicole Scherzinger, despedidas do programa após uma primeira temporada de baixas audiências.

Das novas juradas, esperava-se mais magia, espontaneidade, beleza e acidez. O que não faltou durante a permanência de Demi no programa, que parecia, muitas vezes, a jurada mais dura.

Demi defende-se. Para uma mulher que fala o que pensa, a sinceridade é a maior arma: "Sou muito honesta no programa e, às vezes, pareço ser a jurada mais dura. Pode-se dizer que sempre falo o que penso", esclareceu durante uma entrevista.

A verdade é que Demi abrilhantou o programa. Com pontos de vista únicos, comentários pertinentes, tiradas engraçadas e absoluta sintonia com os demais jurados, sua participação era sempre a mais esperada e reproduzida no YouTube. As pessoas podiam não se interessar pelo que o candidato cantava, mas todos queriam ver o comentário da jurada mais polêmica do programa.

Em certas ocasiões, Demi foi ofendida, mas sempre teve rebolado e jogo de cintura para driblar candidatos inconvenientes. E nunca conseguiu prever o que os outros jurados pensavam a respeito das audições.

"Às vezes, não consigo ver o que Simon enxergou em um candidato. O mesmo acontece com a Britney, eu me pergunto: 'Britney, o que você está pensando?'", declarou a cantora, que admitiu que na maioria das vezes concordava mais com Britney do que com Simon.

No segundo ano em que foi jurada, sua amiga Britney não estava mais ao seu lado. Mesmo assim, Demi continuou em destaque. A nova bancada contava com a cantora mexicana Paulina Rubio e Kelly Rowland, ex-integrante do grupo *Destiny's Child*.

Simon estava muito empolgado com a permanência de Demi no programa. "Levou mais de uma década, mas estou muito contente por finalmente estar em uma bancada com três garotas. Paulina e Kelly têm bom gosto musical e uma enorme experiência na indústria da música e, junto de Demi, vão fazer desse painel algo divertido. Sinto que é hora de fazer algo diferente."

O relacionamento amistoso, porém, acabou quando Demi declarou que sairia do programa, no final de 2013. Na data em que se despediria do show, a produção fez uma brincadeira de mau gosto, mostrando um vídeo em que Demi ingeria uma substância verde e ficava alterada.

Demi, que sofreu maus bocados por causa de suas condições e lutou muito contra o vício e seus problemas, contando abertamente sobre eles, achou a brincadeira desnecessária e ficou claramente nervosa, exigindo um pedido de desculpas oficial da produção.

Antes disso, ela declarou: "Quero agradecer pela experiência que tive no *X Factor USA* este ano. Vou sentir muita, muita, muita saudade de trabalhar com LA Reid. Tantas risadas e piadas internas... Sou abençoada por ter te conhecido. Amo você demais. Também vou sentir saudade de sentar ao lado da deslumbrante, linda e a queridíssima Britney Spears. Britney, posso ser babá a qualquer hora! Já sinto sua falta! E finalmente... Simon Cowell. Você é um velho rabugento que me dá nos nervos, mas... Eu te amo. Você tem um coração maravilhoso e sou muito agradecida pela oportunidade de conhecer seu eu genuíno, humilde e amoroso. Vou sentir falta de tirar sarro de você duas vezes por semana. Vou continuar fazendo isso... Mas não na sua cara", brincou Demi.

Discografia

O primeiro álbum do qual Demi participou foi o de *Camp Rock*, lançado em junho de 2008. O álbum estreou posição #3 da *Billboard 200* e vendeu 1,3 milhões de cópias nos Estados Unidos.

E, claro, o que mais tocou o coração e a alma dos fãs na época foi o single "This Is Me", cantado em dueto com Joe Jonas, com quem Demi já tinha uma química.

O álbum *Don't Forget*, também de 2008, fez ainda mais sucesso, estreando na posição #2 da *Billboard 200* e foi certificado ouro pela Associação da Indústria Discográfica Americana (RIAA), pela venda de mais de 500 mil cópias. Pudera: trazia nada menos que três dos seus mais famosos singles: "Get Back", "La La Land" e "Don't Forget"!

Seu segundo álbum de estúdio, *Here We Go Again*, estreou em julho de 2009 direto na primeira posição nas paradas norte-americanas. Com os singles "Here We Go Again" e "Remember December", em 2012 o álbum já tinha vendido 471 mil cópias, só nos Estados Unidos.

Com o lançamento de *Camp Rock 2*, Demi gravou faixas para sua segunda trilha sonora, que lançou em agosto de 2010 e, assim como a do primeiro filme, estreou na posição #3 da *Billboard 200*.

Na sequência, foi lançada a trilha sonora de *Sunny Entre Estrelas*, na qual quatro das nove faixas eram cantadas por Demi.

Seu terceiro álbum de estúdio, *Unbroken*, foi lançado no final de 2011 e estreou na posição #4 da *Billboard* 200, com 96 mil cópias vendidas nos Estados Unidos, só na primeira semana.

Demi, o seu quarto disco de estúdio, foi lançado em 14 de maio de 2013 e entrou na posição três da tabela musical, com 110 mil unidades distribuídas nos Estados Unidos.

DEMI - O ÁLBUM

Personalidade. Era o que o novo álbum trazia. Para batizá-lo, nada mais justo que dar seu próprio nome: *Demi*.

Ela queria um álbum que tivesse ritmo e emoção. Para isso, o primeiro single não poderia ter nome mais forte: "Heart Attack". Com um clipe no qual Demi aparece em sua incrível perfeição, brincando com preto e branco, o single não tinha como escapar das paradas da Billboard. Mais uma vez, ela entrou no *Top 10*.

Na sequência, "Made in the USA" foi anunciada como segundo single do álbum. A música tinha tudo para pegar. O clipe, codirigido pela cantora, conta com uma fotografia perfeita, além de trazer à tona, em quem assiste, sensações daquele namoro cuja lembrança fica na memória. Como sempre, Demi desperta paixões e deixa os fãs com aquela vontade de ouvir o som até o final e participar daquele romance.

"Querido, quando eles olharem para o céu, seremos as estrelas cadentes que estão passando", é a maneira como começa o terceiro single do álbum, "Neon Lights", uma balada daquelas que dá vontade de sair dançando. Forte, cheia de ritmo, com um clipe absolutamente envolvente e cheio de imagens psicodélicas, com Demi encarnando uma personagem futurista, de cabelos azuis e cheia de estilo.

O quarto single, "Really Don't Care", foi aclamado pelo público LGBT, um ano depois, quando a diva resolveu fazer seu clipe em uma parada gay. "A música tem uma mensagem: "eu não ligo mesmo". "Tudo começou com uma canção sobre fim de namoro e eu percebi que estava ótima, então decidi que não queria passar uma mensagem negativa. Além do mais, é maravilhoso quando você vê as pessoas sendo quem são de verdade. Isso tem tudo a ver com o clima do clipe de 'Really Don't Care'", contou Demi, que chamou a cantora britânica Cher Lloyd para uma participação na música.

Demi, que levanta bandeira contra o bullying e luta pelas minorias, aproveitou para mostrar o que é "realmente não ligar". Apresentou cenas de beijos entre lésbicas e gays, mostrando-se a favor da diversidade de opinião e comportamento.

FAIXAS

N.	Título	Compositor(es)
1.	Heart Attack	Mitch Allan, Jason Evigan, Sean Douglas, Nikki Williams, Aaron Phillips, Demi Lovato
2.	Made in the USA	Jonas Jeberg, Evigan, Corey Chorus, Blair Perkins, Lovato
3.	Without the Love	Matt Squire, Roy Battle, Freddy Wexler, Lovato
4.	Neon Lights	Mario Marchetti, Tiffany Vartanyan, Ryan Tedder, Noel Zancanella, Lovato
5.	Two Pieces	Livvi Franc, Allan, Evigan
6.	Nightingale	Anne Preven, Matt Radosevich, Felicia Barton, Lovato
7.	In Case	Emanuel Kiriakou, Priscilla Renea
8.	Really Don't Care (feat. Cher Lloyd)	Carl Falk, Rami Yacoub, Savan Kotecha, Lovato, Lloyd
9.	Fire Starter	Jarrad Rogers, Lindy Robbins, Julia Michaels
10.	Something That We're Not	Lovato, Andrew Goldstein, Kiriakou, Kotccha
11.	Never Been Hurt	Ali Tamposi, Evigan, Jordan Johnson, Marcus Lomax, Stefan Johnson, Lovato
12.	Shouldn't Come Back	Yacoub, Falk, Kotecha, Lovato
13.	Warrior	Lovato, Goldstein, Kiriakou, Lindy Robbins

Embora o álbum tivesse todos os elementos para agradar ao público, *Demi* não atraiu tantos elogios quanto seus antecessores. A crítica ressaltava que Demi tinha deixado de se divertir com as músicas.

Para os fãs, o álbum era um sucesso. Ficavam entusiasmados a cada entrevista da cantora e felizes ao vê-la plena e cheia de energia para elaborar novas músicas. Nesse período, a cantora teve seus altos e baixos, mas sua fase de superação foi intensa e cheia de cuidados: contava com o suporte dos amigos e da família, e não se abalava mais com críticas negativas. Demi agora tinha autoconfiança. Um ingrediente necessário e potente que não a deixava se desequilibrar.

Mas não tinha mais suas muletas, que costumavam ser o apoio emocional para quando as coisas iam mal, ou quando tentava fugir das preocupações da vida adulta.

Demi estava realmente mais madura, não teria medo algum de cair para se reerguer novamente, e isso se refletia em seus trabalhos.

"Muito mais do que apenas um álbum pop feito para vender, com o objetivo de produzir três singles para a rádio e pouco mais. O mais impressionante é que Demi assume riscos. Alguns deles não dão certo - o exemplo mais evidente é a dançante 'Neon Lights' - mas é mais interessante escutar Lovato tomar alguns desvios de som, em canções como a melancólica 'Shouldn't Come Back' e a incitadora 'Without the Love', do que vê-la existir de forma imutável."
Jason Lipshutz, *Billboard*

"O disco soa como um retorno decisivo ao teen pop. Até mesmo as canções confessionais, como a bela balada tocada ao piano 'In Case', não revelam muito além dos problemas comuns de garota sofrendo por amor."
Melissa Maerz, *Entertainment Weekly*

"Lovato pode ser verdadeiramente fascinante quando permite que a vulnerabilidade seja mostrada em seus vocais. Demi é um disco pop sólido, que não é perfeito, mas cujos melhores momentos são poderosos."

Bill Lamb, *About.com*

Greatest Hits - Parte 1 (2014)

1. Heart Attack
2. Give Your Heart a Break
3. Skyscraper
4. Neon Lights
5. Made in the USA
6. Really Don't Care (feat. Cher Lloyd)
7. La La Land
8. Don't Forget
9. Remember December
10. Heart By Heart

Demi (2013)

1. Heart Attack
2. Made in the USA
3. Without the Love
4. Neon Lights
5. Two Pieces
6. Nightingale
7. In Case
8. Really Don't Care (feat. Cher Lloyd)
9. Fire Starter
10. Something That We're Not
11. Never Been Hurt
12. Shouldn't Come Back
13. Warrior

Demi (Target Deluxe Edition) (2013)

1. Heart Attack
2. Made in the USA
3. Without the Love
4. Neon Lights
5. Two Pieces
6. Nightingale
7. In Case
8. Really Don't Care (feat. Cher Lloyd)
9. Fire Starter
10. Something That We're Not
11. Never Been Hurt
12. Shouldn't Come Back
13. Warrior
14. I Hate You, Don't Leave Me

Heart Attack Remixes (2013)

1. Heart Attack - Deejay Theory Remix
2. Heart Attack - White Sea Remix
3. Heart Attack - White Sea Remix - Instrumental
4. Heart Attack - White Sea Remix - Acapella
5. Heart Attack - Manhattan Clique Remix
6. Heart Attack - Manhattan Clique Remix - Edit
7. Heart Attack - Manhattan Clique Remix - Dub
8. Heart Attack - Belanger Remix
9. Heart Attack - The Alias Radio Mix
10. Heart Attack - The Alias Club Mix

Neon Lights Remixes (2013)

1. Hit the Lights - Azzido Da Extended Mix)
2. Neon Lights - Cole Plante With Myon & Shane 5 Remix)
3. Neon Lights - Belanger Remix)
4. Neon Lights - Tracy Young's Ferosh Remix)
5. Neon Lights - Radio Edit)

Unbroken (Deluxe Editon) (2012)

1. All Night Long (feat. Missy Elliott & Timbaland)
2. Who's That Boy (feat. Dev)
3. You're My Only Shorty (feat. Iyaz)
4. Together (feat. Jason Derulo)
5. Lightweight
6. Unbroken
7. Fix a Heart
8. Hold Up
9. Mistake
10. Give Your Heart a Break
11. Skyscraper
12. In Real Life
13. My Love Is Like a Star
14. For The Love of a Daughter
15. Skyscraper (Wizz Dumb Remix)
16. Rascacielo

Unbroken (Edição japonesa) (2012)

1. All Night Long (feat. Missy Elliott & Timbaland)
2. Who's That Boy (feat. Dev)
3. You're My Only Shorty (feat. Iyaz)
4. Together (feat. Jason Derulo)

5. Lightweight

6. Unbroken

7. Fix a Heart

8. Hold Up

9. Mistake

10. Give Your Heart a Break

11. Skyscraper

12. In Real Life

13. My Love Is Like a Star

14. For The Love of a Daughter

15. Skyscraper (Wizz Dumb Remix)

16. Rascacielo

17. Aftershock

18. Yes I Am

19. For The Love of a Daughter (Original Version)

Unbroken (2011)

1. All Night Long (feat. Missy Elliott & Timbaland)

2. Who's That Boy (feat. Dev)

3. You're My Only Shorty (feat. Lyaz)

4. Together (feat. Jason Derulo)

5. Lightweight

6. Unbroken

7. Fix a Heart

8. Hold Up

9. Mistake

10. Give Your Heart a Break

11. Skyscraper

12. In Real Life

13. My Love Is Like a Star

14. For The Love of a Daughter

15. Skyscraper (Wizz Dumb Remix)

Live: Walmart Soundcheck (2009)

1. Don't Forget

2. Get Back

3. Here We Go Again

4. La La Land

5. Remember December

6. Solo

Here We Go Again (Deluxe) (2009)

1. Here We Go Again

2. Solo

3. U Got Nothin' On Me

4. Falling Over Me

5. Quiet

6. Catch Me

7. Everytime You Lie

8. Got Dynamite

9. Stop the World

10. World of Chances

11. Remember December

12. Everything You're Not

13. Gift of a Friend

14. So Far So Great

Here We Go Again (2009)

1. Here We Go Again
2. Solo
3. U Got Nothin' On Me
4. Falling Over Me
5. Quiet
6. Catch Me
7. Everytime You Lie
8. Got Dynamite
9. Stop the World
10. World of Chances
11. Remember December
12. Everything You're Not

iTunes Live from London (EP) (2009)

1. La La Land
2. Behind Enemy Lines
3. Don't Forget
4. Trainwreck
5. Get Back

Don't Forget (Edição internacional) (2009)

1. La La Land
2. Get Back
3. Trainwreck
4. Party
5. On the Line (Feat. Jonas Brothers)
6. Don't Forget
7. Gonna Get Caught
8. Two Worlds Collide

9. The Middle

10. Until You're Mine

11. Believe in Me

12. Back Around

Don't Forget (Edição japonesa) (2009)

1. La La Land

2. Get Back

3. Trainwreck

4. Party

5. On the Line (Feat. Jonas Brothers)

6. Don't Forget

7. Gonna Get Caught

8. Two Worlds Collide

9. The Middle

10. Until You're Mine

11. Believe in Me

12. La La Land (Caramel Pod D Remix)

Don't Forget (2008)

1. La La Land

2. Get Back

3. Trainwreck

4. Party

5. On the Line (Feat. Jonas Brothers)

6. Don't Forget

7. Gonna Get Caught

8. Two Worlds Collide

9. The Middle

10. Until You're Mine

11. Believe in Me

Don't Forget (Deluxe Edition) (2008)

1. La La Land
2. Get Back
3. Trainwreck
4. Party
5. On the Line (Feat. Jonas Brothers)
6. Don't Forget
7. Gonna Get Caught
8. Two Worlds Collide
9. The Middle
10. Until You're Mine
11. Believe in Me
12. Behind Enemy Lines
13. Lo Que Soy (This Is Me)

Be Like A Pop Star (2008)

1. Have Yourself A Merry Little Christmas
2. I Can Only Imagine
3. Mirror
4. Moves Me
5. Not Yet
6. Open
7. Ride
8. Shadow
9. Stronger
10. The Christmas Song
11. Trash

Moves Me (EP) (2007)

Moves Me

Turnês

Demi Live Warm Up! Tour (2008)

A primeira turnê de Demi contou com quinze apresentações e aconteceu durante o verão de 2008 nos Estados Unidos, com o intuito de divulgar o álbum *Don't Forget*.

Setlist:
1. That's How You Know
2. "The Middle
3. Daydream
4. Believe in Me
5. Party
6. Don't Forget
7. This Is Me

8. Gonna Get Caught	
9. Two Worlds Collide	
10. La La Land	
11. Until You're Mine	
12. Get Back	

Burnin' Up Tour (2008)

Entre julho e setembro de 2008, Demi abriu os shows da *Burning Up Tour*, quinta turnê dos Jonas Brothers. Da mesma turnê, foi feito um filme em 3D, chamado *Jonas Brothers: The 3D Concert Experience*, que foi aos cinemas em 2009.

Setlist:

1. That's How You Know
2. La La Land
3. Gonna Get Caught
4. Until You're Mine
5. Party
6. Two Worlds Collide
7. Don't Forget
8. Get Back

Em 2009, a turnê teve uma continuação e passou pelo Rio de Janeiro e por São Paulo.

Setlist:

1. La La Land
2. Gonna Get Caught
3. Until You're Mine
4. Trainwreck
5. Party

6. Two Worlds Collide

7. Don't Forget

8. Get Back

Demi Lovato Summer Tour (2009)

Essa turnê percorreu os Estados Unidos, passando por 44 cidades, nas quais Demi divulgou seu álbum *Here We Go Again*. Ela também cantou canções de *Don't Forget*, e um cover de Aretha Franklin, "(You Make Me Feel Like) A Natural Woman". As aberturas dos shows foram garantidas por David Archuletta, a banda KSM e Jordan Pruitt.

Setlist:

1. La La Land

2. So Far So Great

3. Quiet

4. Gonna Get Caught

5. U Got Nothin'on me

6. Got Dynamite

7. Party

8. Trainwreck

9. Catch Me

10. This Is Me

11. Until You're Mine

12. Solo

13. Stop the World

14. Two Worlds Collide

15. (You Make Me Feel Like) A Natural Woman

16. Behind Enemy Lines

17. Everytime You Lie

18. Remember December

19. Here We Go Again

Demi Lovato South American Tour (2010)

A primeira turnê solo internacional de Demi foi na América do Sul, se iniciando em Santiago, no Chile, e terminando em São Paulo, Brasil.

Setlist:

1. La La Land
2. So Far So Great
3. Gonna Get Caught
4. U Got Nothin' on Me
5. Party
6. Trainwreck
7. Catch Me
8. Lo Que Soy
9. Solo
10. Stop the World
11. Two Worlds Collide
12. Everytime You Lie
13. Remember December
14. Here We Go Again

Encore

15. Don't Forget
16. Get Back

Camp Rock World Tour 2010 / Jonas Brothers Live In Concert (2010)

Na turnê *Camp Rock World Tour 2010*, ou *Jonas Brothers Live In Concert 2010*, Demi se juntou aos Jonas e outros membros do elenco para promover o filme *Camp*

Rock 2: The Final Jam. Porém, ela não participou de todos os shows, pois abandonou a turnê quando foi internada.

Setlist:

Demi Lovato:

1. Get Back
2. La La Land
3. Remember December
4. We'll Be a Dream
5. Solo
6. Every Time You Lie
7. Stop The World
8. Catch Me
9. Don't Forget
10. Got Dynamite
11. Here We Go Again

Demi Lovato & Camp Rock

1. Brand New Day
2. Can't Back Down
3. It's Not Too Late
4. It's On

Demi Lovato & Jonas Brothers

1. This Is Me
2. Wouldn't Change a Thing
3. This is Our Song

An Evening With Demi Lovato (2011)

Nessa primeira e breve turnê após seu tratamento, Demi promoveu o álbum *Unbroken*. Foram dois shows, um em New York e o outro em Los Angeles.

Setlist:

1. All Night Long
2. Got Dynamite
3. Hold Up
4. Medley (Catch Me/Don't Forget)
5. Who's That Boy
6. You're My Only Shorty
7. My Love Is Like a Star
8. Medley (Get Back/Here We Go Again/La La Land)
9. Lightweight
10. Skyscraper
11. How To Love (Lil Wayne Cover)
12. Together
13. Remember December
14. Unbroken

A Special Night With Demi Lovato (2011)

A quarta turnê solo da cantora teve onze apresentações, entre novembro e dezembro de 2011.

Setlist:

1. All Night Long
2. Got Dynamite
3. Hold Up
4. Medley (Catch Me/Don't Forget)
5. Who's That Boy
6. My Love Is Like A Star
7. Fix a Heart
8. Medley (Get Back/Here We Go Again/La La Land)
9. Lightweight
10. Skyscraper

11. Moves Like Jagger (cover de Maroon 5)

12. Together

13. Give Your Heart a Break (somente em Porto Rico)

Encore:

1. Remember December

2. Unbroken

A Special Night With Demi Lovato (2012 – América Latina)

No início de 2012, Demi se apresentou em festivais, como *Verano Iquique*, *Florida Strawberry Festival*, *Borderfest* e *Austin Rodeo*.

Em seguida, entrou em turnê pela América Latina, com treze apresentações que seriam a segunda etapa de *A Special Night with Demi Lovato*.

Setlist:

1. All Night Long

2. Got Dynamite

3. Hold Up

4. Get Back

5. Medley (Catch Me/Don't Forget)

6. My Love Is Like a Star

7. Fix a Heart

8. Who's That Boy

9. You're My Only Shorty

10. Medley (Here We Go Again/La La Land)

11. Lightweight

12. Skyscraper

13. How to Love (cover de Lil Wayne)

14. Moves Like Jagger (cover de Maroon 5) (somente em São Paulo e Belo Horizonte)

15. Together

16. Remember December

Encore:

17. Give Your Heart a Break

18. Unbroken

Summer Tour (2012)

Esta foi a terceira fase da turnê de divulgação do álbum *Unbroken*. Teve 24 apresentações, passando por Estados Unidos, Canadá e Brasil.

Setlist:

1. All Night Long

2. Got Dynamite

3. Hold Up

4. Get Back

5. Medley (Catch Me/Don't Forget)

6. My Love Is Like a Star

7. Fix a Heart

8. How to Love (cover de Lil Wayne)

9. American Honey (cover de Lady Antebellum)

10. The House That Built Me (cover de Miranda Lambert)

11. Who's That Boy

12. You're My Only Shorty

13. Medley (Here We Go Again/La La Land)

14. Lightweight

15. Skyscraper

16. Turn Up the Music (cover de Chris Brown)

17. Together

18. Remember December

Encore:

1. Unbroken

2. Give Your Heart a Break

A Special Night With Demi Lovato (2013):

Finalizando os trabalhos de divulgação de *Unbroken*, uma miniturnê passou por alguns países da Ásia.

Setlist

1. Unbroken

2. Get Back

3. Here We Go Again

4. La La Land

5. Don't Forget

6. My Love Is Like a Star

7. American Honey/The House That Built Me

8. Fix a Heart

9. Catch Me

10. Lightweight

11. Skyscraper

12. Turn Up The Music

13. Heart Attack

14. Remember December

15. Give Your Heart a Break

Jeff Kravitz / Contributor

Neon Lights Tour (2014)

Alguns artistas simplesmente odeiam e impedem que os fãs usem celulares em seus shows. O que não é o caso de Demi. Totalmente integrada à era digital, ela lançou um aplicativo para celular chamado *Official Demi Lovato App*, em que os fãs podem assistir a seus clipes e ativar uma função que faz a tela do celular mudar de cor de acordo com as batidas da música, produzindo um efeito na plateia. O uso do celular é inclusive desejável durante a música "Neon Lights", na qual o público é convidado a acender seus celulares e a plateia se torna parte do show.

A turnê ficou famosa por conta da setlist completinha. Demi canta absolutamente todos os sucessos durante o show, que é supervisionado por um diretor criativo especial: ninguém menos que Nick Jonas. Afinados, os dois apostam em efeitos que deixam qualquer fã boquiaberto. Além, é claro, de ficar bem à vontade para sugerir o que quiser, Demi não economiza na interação com o público. Seja passando uma mensagem positiva, seja deixando-os a par de seu histórico.

Antes de tocar "Skyscraper", tem algo que dá ainda mais emoção ao show: ela exibe um vídeo relembrando sua ida à clinica, para que todos sintam o que a música diz de verdade – Demi é um arranha-céu que se ergue a cada dia.

Segundo ela, um dos momentos mais marcantes da performance é a canção "Warrior". "É a música que mais me representa. Passa a minha mensagem de que, não importa o que aconteça, você consegue superar tudo e se tornar mais forte do que antes", explicou a artista.

Durante a fase americana da *Neon Lights Tour*, Demi surpreendeu os fãs com o cover de "Let It Go", música do filme *Frozen: uma Aventura Congelante*, que ganhou um Oscar.

Setlist

1. Heart Attack	
2. Remember December/Fire Stater	
3. The Middle/Really Don't Care	
4. Stop the World (com Nick Jonas)	
5. Catch Me (com Nick Jonas)	
6. Here We Go Again (com Nick Jonas)	
7. Made in the USA	
8. Nightingale	
9. Two Pieces	
10. Warrior	
11. Let It Go	
12. Don't Forget	
13. Got Dynamite	
14. Unbroken	
15. Neon Lights	
16. Skyscraper	
17. Give Your Heart a Break	

Let It Go

A música, indicada ao Oscar pela versão de Idina Menzel para o filme, é daquelas que grudam feito chiclete. Ninguém consegue ficar imune. E bastou Demi gravar sua versão para que se tornasse um sucesso mundial.

"Na primeira vez que ouvi a música, me apaixonei. A letra fala especialmente comigo, já que tem uma mensagem muito inspiradora e realmente representa o que acredito. Quando participei da estreia, fiquei encantada. É definitivamente um dos meus filmes favoritos da Disney no momento, e a apresentação da Idina Menzel com 'Let It Go' foi espetacular".

A música, por incrível que pareça, tem muito a ver com Demi. Ela fala sobre liberdade, sobre como é bom ser livre sem precisar esconder nada de ninguém, sentimento que Demi deve conhecer bem após ter assumido publicamente quais eram seus fantasmas e se libertado deles.

A versão cover gravada por Demi foi lançada pela Walt Disney Records em 2013. Sobre a experiência de estar novamente em uma produção da Disney, Demi revelou, "Ser parte do filme foi incrível. Ainda não o vi, então estou ansiosa para vê-lo e muito feliz por fazer parte dele". No vídeo, ela usa vestidos que se parecem com os das produções Disney – um branco longo e outro preto comprido – enquanto canta e toca piano. Essas imagens são intercaladas com partes do filme.

Esse clipe foi lançado em novembro de 2013 e já alcançou mais de 200 milhões de visualizações no canal da Demi no YouTube.

11 Filmografia

2008 - *Camp Rock*
Estreia: 20 de junho (EUA) | 6 de julho (BR).
Personagem: Mitchie Torres

2009 – *Jonas Brothers: The 3D Concert Experience*
Estreia: 27 de fevereiro (EUA) | 29 de maio (BR).
Personagem: Ela mesma

2009 – *Programa de Proteção Para Princesas*
Estreia: 26 de junho (EUA) | 26 de junho (BR).
Personagem: Princesa Rosalinda Marie Montoya Fiore/ Rosie González.

2010 – *Camp Rock 2: The Final Jam*
Estreia: 3 de setembro (EUA) | 7 de setembro (BR).
Personagem: Mitchie Torres

Séries e programas de TV

2000 – *Barney e Seus Amigos*
6ª e 8ª temporadas.
Personagem: Ângela

2007 – *Prison Break*
Participação no episódio 4 da 2ª temporada.
Personagem: Danielle Curtin

2007 – *Just Jordan*
Participação no episódio 5 ("Slippery When Wet").
Personagem: Nicole

2007 – *Quando Toca o Sino*
11 episódios, 1ª temporada.
Personagem: Charlotte Adams

2009 – *Sunny entre Estrelas*
46 episódios, 2 temporadas.
Personagem: Sunny Munroe

2010 – *Grey's Anatomy*

Participação no episódio 22 da 6ª temporada ("Shiny Happy People").

Personagem: Hayley May

2010 – *America's Next Top Model*

Participação no episódio 2, ciclo 15.

Personagem: Ela mesma.

2010 – *Quando Toca o Sino (Brasil)*

Participação no episódio 49 da 2ª temporada.

Personagem: Ela mesma

2012 – *MTV Punk'd*

Participação no episódio 6 da 2ª temporada.

Personagem: Ela mesma

2012 e 2013 – *The X Factor USA*

2ª e 3ª temporada.

Personagem: Ela mesma

DOCUMENTÁRIO

2012 – *MTV Demi Lovato: Stay Strong*

Prêmios

Demi foi indicada a muitas premiações no meio artístico pelo seu trabalho como cantora e como atriz e ganhou inúmeros desses prêmios.

2009

Teen Choice Awards
- TV – Estrela Feminina Revelação
- Melhor Turnê – por *Summer Tour 2009*

2010

Honorary Ambassador of Education Award
- Embaixadora Honorária da Educação

J-14 Teen Icon Awards
- Iconic Triple Threat

Disneyllon
- Melhor Romance Inesperado – por Sunny Munroe e Chad Dylan Cooper
- Melhor Estreia VIP – por *Sunny Entre Estrelas*

Hollywood Teen TV Awards
- Show Teen Pick: Comédia – por *Sunny entre Estrelas*
- Atriz Pick Teen: Comédia

2011
People's Choice Awards
- Participação Especial de TV Favorita – por *Grey's Anatomy*

Flecking Awards
- Melhor Musicista Feminina
- Melhor Twitter Feminino – @ddlovato

Kids' Choice Awards
- Melhor Atriz de Comédia
- Melhor Programa Infantil ou Série Favorita – por Sunny Entre Estrelas.

Young Artist Awards
- Melhor Atriz: Comédia – Ela mesma
- Casal Favorito: Programa Infantil ou Série – por Sunny Munroe e Chad Dylan Cooper

Teen Choice Awards
- Canção do Verão – por "Skyscraper"
- Inspiração

VH1 "Do Something!" Awards
- Estrela de TV
- Canção de Caridade – por "Make a Wave" (com Joe Jonas)

ALMA Awards
- Atriz de TV Favorita – Papel Principal em uma Comédia – por *Sunny Entre Estrelas*

MTV O Music Awards
- Melhor Artista com um Celular com Câmera

Capricho Awards:
- Música Internacional – por "Skyscraper"
- Twitter do Ano – @ddlovato

2012
People's Choice Awards
- Artista Pop Favorita

Hollywood Teen TV Awards
- Artista Feminina Do Ano

Video Music Awards
- Melhor vídeo com uma mensagem – pelo videoclipe de "Skyscraper"

Teen Choice Awards
- Estrela Musical Feminina
- Twit – @ddlovato

2013

People's Choice Awards
- Melhor Jurada do Sexo Feminino – por *The X Factor*

Teen Choice Awards
- Melhor Single de uma Artista Feminina – por "Heart Attack".
- Artista Feminina
- Personalidade de TV Feminina – por *The X Factor*

13
Questões familiares e causas sociais

MORTE DO PAI

A questão mais delicada e sombria da vida de Demi talvez nunca tenha sido revelada em todos os detalhes: sua relação com o pai.

O que todos sabem é que ela não o via desde a infância, e que ele teria se separado de Dianna em 1994 por causa da bebida.

Demi compôs mais de uma música sobre a relação mais difícil que tivera em sua vida mas nunca chegou a gravá-las. Na época dizia que não queria que os pais tivessem que explicar aquelas coisas para crianças de sete anos, mas fez referências a violência verbal e física em seus clipes nos quais aborda a relação com Patrick.

A verdade é que depois que Demi cresceu, ele fez algumas aparições na mídia, principalmente quando ela foi internada, o que preocupou o escritório que cuidava da carreira da cantora e fez com que tomasse medidas legais contra Patrick, impedindo que dissesse qualquer palavra sobre a filha. Na época, ele teria afirmado que ela tinha sido internada por conta de um amor. Depois, dissera que estava estressada com a rotina imposta pela gravadora.

Nenhuma das afirmações tinha caído bem. Repercutiam mal na mídia e, segundo os agentes de Demi, não condiziam com a verdade. Demi e Patrick, que estavam há anos sem se ver, pareciam tão distantes que era como se fizessem parte de mundos diferentes. Algumas pessoas incitavam o ódio contra Patrick, dizendo que ele só procurara a filha depois que ela ficara famosa. Fofocas à parte, a verdade é que Demi, mesmo em suas entrevistas mais profundas, em que descambou a falar sobre seus transtornos alimentares, nunca dizia nada sobre a reaproximação do pai biológico, tanto tempo depois. Ela dizia que tentava ter fé nele, no entanto, ele sempre a decepcionava.

Certa vez, no programa *Good Morning America*, Demi decidiu falar sobre o relacionamento tempestuoso. Disse que o pai não funcionava muito bem em sociedade e sofria de uma doença mental. "Eu lidei com uma doença mental. Ele lidou com uma doença mental", explicou categórica, no mesmo dia em que anunciou que ajudaria pessoas que precisam de tratamento para doenças mentais. "Meu pai e eu não tivemos o relacionamento ideal", admitiu. "Mas no final das contas, ele ainda é o meu pai. E eu cresci com ele, ele era uma pessoa maravilhosa. E é difícil. Mas eu estou lidando bem com isso", revelou.

Demi não tocava no assunto porque considerava algo muito pessoal. E sempre dizia que Eddie era seu pai, porque fora ele quem criara ela e suas irmãs.

"For the Love of a Daughter", a canção mais pessoal que a cantora já lançou, foi escrita sobre Patrick, falando de seu relacionamento conturbado e seu vício em álcool ("Oh father, please father/Put the bottle down, for the love of a daughter" – "Oh pai, por favor, pai/Largue a garrafa, pelo amor de uma filha"). Alguns dizem que "Shouldn't Come Back," lançada este ano, no disco *Demi*, também é sobre o pai ("All the birthdays you missed/I was only a kid" – "Todos os aniversários que você perdeu/Eu era só uma criança").

Mesmo sem a reconciliação, alguns dias antes de sua morte, Patrick, que lutara contra o câncer por dez anos, mandou uma mensagem para a filha: "Minha saúde não está como costumava ser e sei que minha filha ama seu pai, então por favor me ligue, Demi". E contou ao *RadarOnline*: "Eu a amo muito, e só quero que ela me ligue. Esse é o único modo pelo qual posso falar com ela, tento entrar em contato, mas não funciona. Não é como se eu quisesse nada dela, tudo que quero é seu amor".

Na semana seguinte, por meio de um tuíte de sua irmã mais velha, Dallas, veio à tona a notícia de que Patrick tinha falecido.

"Descanse em paz, papai. Eu te amo", disse Dallas em alguns caracteres.

No Twitter, fãs de Demi (Lovatics) e de vários outros artistas se mobilizaram com mensagens de apoio à cantora.

"A melhor coisa sobre os meus fãs é que eles estiveram ao meu lado em tudo por que passei", disse Lovato.

A cantora usou o Twitter para agradecer o apoio dos fãs e dizer como se sentia. "Há uma esmagadora sensação de paz ao saber que meu pai não está mais lutando contra seus demônios e isso me deixa tão feliz". Pouco antes, ela havia escrito sobre o funeral: "Hoje coloquei meu pai para descansar... a coisa mais difícil que fiz até hoje... mas sei que coisas ótimas virão".

Um ano depois da morte, ela ainda relembrou em suas redes sociais, fazendo uma homenagem para Patrick com uma montagem de fotos. "Não posso acreditar que já se passou um ano... Queria ter te abraçado uma última vez ... Descanse em paz, papai, eu te amo", publicou.

AVÔ GAY

Tudo começou quando Demi Lovato disse que tinha uma quedinha por Amber Heard. Os fãs ficaram alucinados, afinal, ela estava falando de uma atriz bissexual, que na época era noiva de Johnny Depp! Mas Demi esclareceu, dizendo que a admirava muito, e que provavelmente Amber era uma das pessoas mais bonitas e atraentes que já tinha visto na vida.

Demi tinha afirmado: "Eu amo Amber Heard. Ela é tão linda que é ridículo." Mas a afirmação tinha uma razão de ser. Como Demi tornou-se porta-voz da campanha pelos direitos gays, passou a falar abertamente sobre o tema e sobre pessoas bonitas de ambos os sexos que revelaram sua bissexualidade ou homossexualidade.

Em uma premiação – o *Trailblazers Awards* da Logo TV –, enquanto apresentava um prêmio para a série *Orange is the New Black*, Demi declarou que seu avô tinha se assumido gay. Embora ele tenha morrido muito antes de Demi nascer, a estrela diz que herdou dele seu jeito opinativo: "Faz tanto sentido o porquê de eu me sentir tão conectada a lutar pelo que eu acredito. Quando ouvi a palavra "desbravador", eu automaticamente pensei no meu avô e em como ele se assumiu gay na década de 1960. Isso é muito poderoso. Eu não poderia estar mais orgulhosa dele", disse ao *E! News*. "Ele faleceu alguns anos depois e eu apenas gostaria que ele pudesse ver todo o progresso pelo qual o mundo já passou."

A cantora, que foi nomeada a grande mestre de cerimônias da parada gay de Los Angeles, se apresentou também nas festividades de Nova York e agradeceu à comunidade LGBT por aceitá-la. Demi ainda escreveu no Twitter: "Gay, hétero, lésbica, bi... Ninguém é melhor que ninguém. Que dia incrível para a Califórnia pela igualdade."

Ela, que aceitou um papel em *Glee* como a namorada de Naya Rivera, não hesitou em fazer a personagem. "Ser gay não é uma vergonha. Era um tabu antes. O fato de eu vir do Disney Channel não muda isso, eles não têm preconceito. Pude ser uma voz para a comunidade gay, e viver uma jovem lésbica me deixou honrada. Tenho muito orgulho da mente aberta da minha geração."

DEMI E MADISON

Madison Lee de La Garza teria tudo para ser uma menina comum, não fosse o fato de ser irmã mais nova de Demi Lovato.

Quem consegue ficar imune às demonstrações de amor de Demi pela irmã?

Em um dos vídeos mais vistos de Demi no YouTube, ela canta "Together" ao lado de Madison e incita a irmã a soltar a voz. O resultado é imediato: a plateia ovaciona a menina e Demi reconhece publicamente seu carinho por ela.

Madison nasceu em 2001, é filha do segundo casamento de Dianna, e irmã, por parte de mãe, de Demi e Dallas.

A menina já foi vista como Juanita Solis, filha de Gabriella Solis (Eva Longoria), em *Desperate Housewives*. E também apareceu em *Jonas Brothers: Living the Dream*, no episódio "Rock Star in Training".

Com a irmã, Maddie participou filme *Programa de Proteção para Princesas* e participou de um episódio de *Sunny entre Estrelas*, interpretando a personagem Sunny aos oito anos.

Essa breve apresentação não diz tanto sobre as duas quanto o relato de que Demi só largou as drogas por causa da irmã caçula.

Quando a família de Demi interviu para que ela procurasse ajuda, sua mãe foi muito clara com Demi, dizendo que ela não poderia ver a irmã mais nova até que se recuperasse. Dianna não queria que a cantora fosse um péssimo exemplo para Maddie.

Segundo Demi, foi exatamente esse o forte motivo responsável pela sua recuperação. Sua mãe explicou que foi preciso separar as irmãs. "Ela precisava ser um bom exemplo para Madison. Tive que protegê-la, e Demi sabia disso", afirmou.

Mas essa não foi a única grande demonstração do amor de Demi por Maddie. Certa vez a cantora perdeu as estribeiras ao bater boca pela internet com uma pessoa que falara mal de Madison em sua página.

Tudo começou quando Madison publicou um vídeo no qual aparece fazendo uma receita, e foi atacada por um fã desavisado. O "engraçadinho" comentou que a menina era corcunda e fez algumas piadas de mau gosto, extremamente ofensivas.

Quando viu isso, Demi não conseguiu se conter. Cyberbullying, para ela, era ainda pior do que o bullying do qual fora vítima na escola, porque o agressor podia se esconder atrás de um perfil.

Quando a diva pop resolveu se manifestar, era tarde demais. O ataque virtual já fora feito. E o menino tinha criado até um perfil falso para fazer as ofensas. Demi soltou "Você está de brincadeira comigo? Tire sarro de mim o quanto você quiser, mas fazer piadas com a escoliose da minha irmã é f... Que me... você tem na cabeça? Você fez piada de uma menina de doze anos com uma escoliose severa. Como você ousa? Merece apodrecer no inferno!"

Quem conhece Maddie sabe que ela sofria com a escoliose e Demi estava inconformada com a atitude do menino. "Queime seus ingressos do meu show. Tire sarro de mim e não da minha irmã de doze anos", escreveu. Demi ainda avisou que Maddie deveria passar por uma cirurgia em breve. "Da próxima vez que você tirar sarro da aparência física de alguém, apenas lembre o quão demoníaco e burro você é", desabafou.

O fã tentou se defender, usando as mensagens de contra-ataque de Demi para se vitimizar. Os Lovatics pediram que Demi se acalmasse, mas ela sabia o impacto causado pelo bullying e não queria que sua irmã sofresse da mesma forma que ela sofrera.

"Para todos que estão pedindo para eu me acalmar... O impacto que o bullying tem na internet pode levar a pessoa a cometer suicídio. Eu aguento. Mas não mexa com a minha irmãzinha. Sou da paz e do amor até você perseguir uma menina de doze anos que não fez nada para você. Estou tão desapontada depois dessa conversa sobre cyberbullying no mundo. As pessoas continuam fazendo isso com as outras. Maddie, você é linda, o anjo mais precioso da minha vida e sempre vou te proteger. Te amo", concluiu a cantora.

CAUSAS SOCIAIS

Além de lutar pelos direitos LGBT, Demi já participou de campanhas ao redor do mundo e sempre se mostrou engajada em causas nas quais acredita.

Algumas das suas campanhas mais famosas foram a *Teens Against Bullying* e a *STOMP Out Bullying*, cujo objetivo é combater o bullying nas escolas.

Consciente de que o assunto rendia pano pra manga, Demi esteve no *America's Next Top Model* e no *Newsroom*, onde conquistou espaço para falar sobre o tema, que foi motivo de sua saída da escola, causando transtornos maiores, e que deve ser debatido abertamente.

A cantora também se apresentou no *Concert for Hope*, em 2009, um show beneficente para ajudar crianças com câncer.

No mesmo ano participou de uma campanha em benefício da *Starlight Children's Foundation*, que ajuda crianças com doenças graves. Lovato, assim como outros artistas, desenhou uma camisa, que foi colocada à venda e teve seu lucro revertido para a fundação.

Quando houve um terremoto no Chile em 2010, Demi fez parte da gravação de um vídeo para a campanha *I Am the Country*, para ajudar as vítimas.

Ela também faz parte do *Friends for Change*, um projeto desenvolvido pela Disney para encorajar a preservação da natureza.

Em 2009, gravou com os Jonas Brothers, Miley Cyrus e Selena Gomez a primeira canção do projeto, *Send It On*, que arrecadou cerca de 500 mil dólares para instituições. Em 2011, a cantora fez uma doação de um milhão de dólares para ajudar as vítimas do tsunami no Japão, além de ajudar campanhas para arrecadar mais doações.

Sobre a pressão exercida pela sociedade pela perfeição, Demi demonstrou seu apoio à campanha *Love Is Louder*, promovida pela revista *Seventeen*, para a qual tirou uma fotografia, na qual aparece com a frase "love is louder than the pressure to be perfect" escrita em suas mãos.

Em agosto de 2013, foi voluntária do *Free the Children*, no Quênia, onde ajudou a construir uma escola. Foi lá que ela passou seu aniversário de 21 anos. "Com 21 sendo um aniversário marcante, eu queria uma maneira memorável e significativa de comemorar, em vez de dar uma grande festa. [...] Trabalhar com a organização ao longo desse ano tem sido ótimo por me permitir ver em primeira mão o trabalho maravilhoso que está sendo feito como resultado do esforço incrível de jovens."

Ela também postou uma foto em que apareceu com um bolo de aniversário coberto de velas. "Esse lugar é absolutamente incrível. Estou tão apaixonado pelo Quênia. Estou tão triste de ter que ir embora...", postou. A cantora também dividiu com seus seguidores que ganhou um presente de aniversário um tanto quanto exótico. "Uma das comunidades de lá me deu uma cabra de aniversário! Batizei de Billy", revelou.

Em um evento da aliança da ONG *Unite: Good* com a revista *Variety*, o *Unite4Humanity*, Demi e muitas outras personalidades foram homenageadas por seu trabalho filantrópico. Na ocasião, ela discursou sobre os projetos sociais de que participou, e cantou "Skyscraper" e "Warrior".

Religião

Mesmo não se dizendo religiosa, são incontestáveis a fé de Demi Lovato e também seus valores morais, que ficam evidentes nas atitudes da cantora, que tenta passar para os fãs mensagens positivas, de amor ao próximo, amor a si mesmo, superação e esperança.

Em suas tatuagens, já vimos que fez demonstrações nítidas de que acredita em Jesus: uma cruz na mão em que segura o microfone, para se lembrar de Jesus e agradecer sempre que estivesse no palco. E também já tatuou as palavras "Fé", "Paz", "Deixe com Deus", entre outras, que incentivam a conexão com o divino.

Para Demi, sua maior dificuldade é morar em Los Angeles, onde as pessoas julgam as outras. Mas, como ela mesma canta em sua música "La La Land", Demi tenta ser ela mesma.

Depois de superar seus problemas emocionais e de saúde, ela disse sentir que Deus tinha lhe dado voz não apenas para cantar. "Ele me fez passar por tudo isso, que foi horrível na época, mas valeu a pena. Com os obstáculos que superei, eu posso ajudar as pessoas", relatou.

A cantora, que deixou de lado o álcool, as drogas e a vida vazia que tudo aquilo trazia, é a favor de um estilo de vida equilibrado, em que não precise de nenhum aditivo químico para ser feliz.

"Se você passa vinte anos procurando sua próxima festa, você está fugindo do quê? Isso não é ser fodão. Ser fodão é poder resolver seus problemas e sentir suas emoções mesmo quando você não quer tê-las. Já existiram noites em que eu tive que sentar sobre minhas próprias mãos, porque eu queria agir, porque eu não podia ficar parada de tanta dor que eu sentia por olhar pra trás e sofrer bullying ou outras coisas que aconteceram. E agora, por mais difícil que seja, eu faço isso. Isso que me faz ser foda. Ser foda é lidar com as suas próprias merdas", disse Demi.

Mas ela também reclama com Deus de vez em quando. Certa vez, no Twitter, resolveu desabafar e deixou muitos beatos de cabelo em pé. "Às vezes parece que Deus só fica jogando merda no meu caminho", disse. "Fico tão chateada com Ele mas nunca tive dúvidas de que Ele vai me colocar no caminho certo. Eu sei que você está aí, Deus. Mas, hum, sério cara?".

Conforme foram começando os retuítes e mensagens, ela esclareceu: "Ele nunca falha em me mostrar que está ao meu lado. Mesmo nos tempos difíceis". O desabafo deixou algumas pessoas estarrecidas. Ela finalizou "Eu não sou muito religiosa, mas sou muito espiritual e acredito em Deus. Eu não sou perfeita e nem estou pregando, estou apenas tuitando", escreveu.

#DemiFacts

Reunimos aqui curiosidades sobre a diva pop Demi Lovato. São fatos que ela revelou em alguns tuítes e que não são extensos a ponto de termos um capítulo inteiro dedicado a cada um deles.

A fruta predileta de Demi é a laranja.

Quando fica nervosa nas entrevistas, ela esfrega as mãos e começa a rir sem motivos. É fácil perceber e ela mesma já admtiu isso.

Se pudesse ser outra cantora, ela seria Kelly Clarkson.

Demi errou a cena dos monitores do *Camp Rock* mais de quinze vezes. E todos riram muito durante os erros de gravação cometidos pelos atores.

Uma das noites mais românticas de Demi foi quando Joe fez pizza para ela e depois eles foram assistir filmes. Ela adorou!

Nas gravações de *Camp Rock 2*, Joe pediu Demi em casamento de brincadeira... E ela aceitou!

Demi e Miley conversaram durante seis horas pelo telefone quando ela e Joe terminaram.

O momento mais vergonhoso de sua vida foi quando estava na praia com o elenco de *Os Feiticeiros de Waverly Place* e uma onda arrebendou o botão de seu top. Por sorte, ninguém, além de Selena, viu.

Demi disse a um candidato do *The X Factor* que admirava seu tanquinho

Ela começou a tocar violão e piano aos 11 anos.

Assumiu ter comido mais de dez brigadeiros sozinha quando esteve hospedada no Rio de Janeiro.

Suas cores favoritas são vermelho e preto.

O álbum *Don't Forget* foi gravado em dez dias.

Demi já ouviu uma de suas músicas em um aeroporto e não lembrava quem a cantava.

Demi já escrevia "Stay Strong" no pulso antes de ir para a reabilitação.

Ela tem medo do filme *Atividade Paranormal*. E, quando assistiu, foi dormir no quarto da mãe.

Demi acha mais importante um fã falar que ela salvou sua vida do que bater recordes no iTunes.

Na cena do beijo em *Camp Rock*, Joe e Demi tiveram que se beijar 23 vezes!

Demi já sofreu ameaças de fãs dos Jonas Brothers, por trabalhar com eles.

A banda preferida de Demi é Paramore.

Demi conseguiu o papel para *Sunny entre Estrelas* e *Camp Rock* no mesmo dia.

O sabor de sorvete favorito da Demi é massa de biscoto de chocolate.

Depois de gravar a cena de *Programa de Proteção para Princesas* na qual todos riram dela, Demi chorou, pois isso a lembrou dos tempos em que sofria bullying.

Ela disse que faria xixi nas calças se encontrasse um ET.

Demi não sabe surfar, porém esse é seu esporte favorito. Certa vez ela ganhou uma prancha em um programa de TV, por causa dessa contradição.

Demi se sente "pelada" sem seus anéis.

Demi consegue colocar a língua na ponta do nariz. Quando Eliana a entrevistou no Brasil, ela fez isso para as câmeras.

Demi dormiu enquanto fazia a tatuagem dos pássaros.

Demi já cantou para as filhas de Barack Obama.

Ela deu seu primeiro beijo aos 12 anos.

Uma vez ela quase atropelou Paul McCartney.

Demi contou que já viu uma menininha vestida como se fosse da década de 1980 ou 1990 em seu closet. A primeira coisa que ela fez foi correr para o quarto de Dallas e pedir para dormir lá.

Quem descobriu seu distúrbio alimentar foi Dallas, após ver seu histórico no computador.

Demi diz ter problemas com microfones: ela já quebrou quatro, já deixou cair dezesseis, e uma vez ela, sem querer, jogou um na plateia.

Suas lojas de roupas favoritas são a Forever 21 e Aldo.

A palavra Lovatic entrou para um dicionário global, com o significado "Aquele que é fã de Demi Lovato".

\# Demi disse à revista *Bop and Tiger Beat* que uma vez ela vomitou no set de filmagens de seu seriado do Disney Channel por causa de um espartilho apertado demais.

\# Em seu show em Hershey, Demi caiu e brincou: "É um novo passo de dança, vocês deveriam tentar".

\# Demi disse que, se pudesse ser outra pessoa por um dia, ela gostaria de ser o menino Jesus.

\# Demi inventou um apelido pra Selena: Selenalenalena.

\# Enquanto ela estava internada, Cody Linley gravou um vídeo cantando "Just The Way You Are" e o dedicou a Demi.

\# A celebridade pela qual Demi tem uma paixão secreta é Ryan Gosling.

\# Ela tem 1,57 m de altura.

16
Demi no Brasil

Nas vezes que esteve no Brasil, Demi sempre foi absolutamente carinhosa com os fãs. Ela disse que este foi um dos lugares onde mais se inspirou a deixar os fãs cantarem suas músicas, impressionada com o fato de que sabiam todas, do começo ao fim.

Na sua primeira visita, em 2009, ela abriu o show da turnê do Jonas Brothers. Na segunda, estava na turnê solo de *Here We Go Again*. Em 2012, desembarcou duas vezes no país: em abril para sua turnê *Special Night With Demi Lovato* e para o *Festival Z*, em agosto.

Em sua última visita ao país, o hotel precisou reforçar a segurança na entrada. Alguns fãs mais sortudos conseguiram entrar para jantar no local e tiraram fotos com Demi.

Foi aqui, também, que ela já gravou com Fiuk, deu entrevistas aos programas de Eliana, Luciano Huck, Fantástico, Marcos Mion, Pânico e CQC. Foi citada no Fantástico, que fez um breve resumo de sua carreira com ênfase em seus problemas pessoais e superação. Seus depoimentos sinceros, admitindo que precisava de ajuda, emocionaram todo o Brasil. Nos programas da Eliana e do Luciano Huck, Demi deu entrevistas bastante descontraídas.

Já na entrevista com Marcos Mion, nota-se um desconforto por parte da cantora. Os fãs perceberam que o tom das peguntas não agradaram Demi, e ficaram um pouco decepcionados.

Mas quem cativou realmente o coração de Demi foi o repórter do CQC Maurício Meirelles. Em sua primeira entrevista com ela, ele foi direto, simples, humilde, e tentou arrancar confissões da cantora com simpatia e bom humor. Primeiro, foi direto ao ponto – perguntou sobre os garotos brasileiros. Era sabido que Demi ficara encantada em uma praia do Rio de Janeiro, dias antes, onde flertara com um rapaz.

Ela confessou que os garotos brasileiros são realmente gatos e o repórter aproveitou a deixa para perguntar se tinha a chance de roubar seu coração. Ao que Demi imediatamente respondeu "Com certeza".

Durante a entrevista, ele também mostrou algumas músicas para a cantora, que ela deveria julgar se eram boas ou não. Entre as músicas, que incluíam Mulher Melão e Pepê e Neném, ela só aprovou "Amor de Chocolate", do cantor Naldo.

Para surpreender a cantora, Maurício mostrou um vídeo produzido anteriormente com uma simulação do Barney, o dinossauro que fora seu amigo de infância, dizendo que Demi praticava bullying com ele. A cantora gargalhou com a surpresa e pediu desculpas a Barney.

O repórter também levou alguns doces para que Demi experimentasse e deu uma guitarra de brinquedo para que ela pudesse quebrar. Demi extravasou e foi com tudo. Depois de várias tentativas, conseguiu quebrar a guitarra e finalizar a entrevista em grande estilo.

Da segunda vez em que encontrou a diva, Maurício estava numa coletiva de imprensa, e só teria direito a uma pergunta, como todos os outros jornalistas. Quando o viu, Demi logo afirmou "eu me lembro de você". Os demais jornalistas foram às gargalhadas.

A primeira pergunta foi se ele poderia fazer mais de uma pergunta. A segunda pergunta foi uma brincadeira (que certamente irritou os assessores de Demi mais do que deveria), na qual o repórter pegou uma folha de papel quilométrica e começou a ler em voz alta, como se fosse usar todo o tempo da coletiva para amolar a cantora. Quando acabou, foi um misto de alívio e descontração. Mas ele definitivamente foi o repórter que mais cativou a cantora.

Embora tenha adorado o país, ela reclamou do assédio dos paparrazi: "Passei o dia todo no meu quarto no hotel. Está tão bonito lá fora e eu quero ir à praia, mas os paparazzi são implacáveis", escreveu em seu perfil no Twitter.

Ainda no Twitter, a cantora aproveitou para se declarar aos fãs brasileiros. "Amo meus Lovatics brasileiros", postou junto a uma foto dela própria, tirada por um fã.

A americana também falou sobre um incidente que aconteceu em uma de suas apresentações. "Aparentemente alguma garota mordeu um de meus seguranças depois de pular no palco e eu nem percebi", postou.

A devoção dos fãs chegou a assustar Demi. "Eu olhei para fora e vi isto. Saiam da rua!", escreveu a americana junto a uma foto de seus fãs deitados no meio da rua e formando um desenho de coração. "Eu amo vocês, mas pelo amor de Deus, não façam isso! É muito perigoso", continuou. "Não se metam em confusão."

"Meus fãs brasileiros são os mais apaixonados, intensos. Eu diria até loucos, mas de um jeito bom. Eles são os únicos que ficam cantando para mim quando vou dormir e quando acordo", se desmanchou Demi.

Ela conta que, quando sua mãe decidiu acompanhá-la em sua vinda, ela sentiu a necessidade de avisá-la para que ficasse preparada para o aperto na saída do aeroporto e para ver fãs correndo atrás de carros. "Mas não dá para se preparar para esse tipo de coisa. Você só tem ideia quando sente na pele esse amor, essa paixão", contou. "Cada vez que venho aqui me sinto mais em casa."

17
Posicionamentos de Demi

Depois de sair da reabilitação, Demi usou todas as suas forças para lutar contra a bulimia e as drogas, dava apoio a pacientes com transtornos mentais etc. Seja associando-se a movimentos, ou fazendo declarações públicas, Demi se posicionou firmemente em diversas situações.

A cada pessoa que morre na luta – seja por uma doença mental ou vítima de alcoolismo ou drogas –, ela lamenta-se publicamente, explicando o quanto é importante lutar contra a doença, admiti-la e aceitar ajuda.

Exemplo para os mais jovens, Demi acompanha diariamente depoimentos de meninas que pararam de se automutilar ou procuraram ajuda em relação a distúrbios alimentares, além de inspirar pessoas de todas as idades na luta contra os vícios.

Ela é absolutamente contra a glamorização de qualquer substância que faça a pessoa sair de si mesma. "Encarar os problemas de frente, encarar as emoções de frente" é seu lema.

DEMI LOVATO X LADY GAGA

Quem acompanha a carreira de Demi sabe que o clima entre ela e Lady Gaga já azedou algumas vezes.

Mesmo Demi se declarando uma "Little Monster" (fã de Lady Gaga), ela confessou ficar desapontada com a cantora depois de um episódio que mais uma vez gerou polêmica: durante um show no festival SXSW, no Texas, Gaga pediu que uma artista vomitasse tinta em seu corpo.

Demi, que passou por um tratamento contra bulimia e sofreu muito com as consequências da doença, usou o Twitter para expressar seu descontentamento: "Triste. Como se já não tivesse gente o bastante glamorizando os distúrbios alimentares".

Para ela, nem o fato de Lady Gaga já ter passado por problemas alimentares ameniza a cena bizarra. "Isso não torna tudo aceitável. Se eu faço um discurso contra a automutilação, eu posso levar alguém para se cortar no meu show? Não!", escreveu.

Os fãs a apoiaram e massacraram a atitude de Gaga, que não se pronunciou oficialmente sobre o episódio.

Demi, explosiva, espontânea e sincera quando quer defender suas ideias, continuou soltando o verbo no Twitter. "A arte não é um passe livre para você fazer tudo o que quiser sem sofrer consequências", disse. "O que eu quero dizer é que os artistas têm influência sobre as pessoas e algumas delas podem não entender o que eles querem dizer."

Mesmo depois disso, ela deixou claro que não tem nada contra Lady Gaga. "P.S.: eu ainda sou uma Little Monster", finalizou.

DEMI X DISNEY

Não foi só com Lady Gaga que Demi invocou por esse motivo. Acostumada a defender a causa com unhas e dentes, Demi se irritou com uma piada sobre distúrbios alimentares feita no programa *Shake It Up*, da Disney, que usou a frase "Eu poderia comê-lo. *Se* eu comesse". Ela não teve papas na língua para comentar o assunto em seu Twitter: "O que estão promovendo? Isso não é nada engraçado".

A cantora continuou, relembrando o que se passou com ela: "Eu acho muito engraçado como uma empresa pode dispensar uma de suas atrizes por causa das pressões sofridas por um distúrbio alimentar e ainda assim fazer piada com o assunto."

Os representantes da Disney responderam às críticas de Demi e o episódio não irá mais ao ar. "Nunca foi nossa intenção brincar com distúrbios alimentares", dizia o comunicado. A cantora agradeceu, mas acrescentou que sente falta dos tempos em que as estrelas do canal eram Raven-Symoné e Hilary Duff: "As pessoas estão cada vez mais magras".

DEMI X ROBIN WILLIAMS

Demi Lovato não só lamentou a morte de Robin Williams, como fez questão de falar sobre o transtorno bipolar que o ator enfrentou.

Ainda sem saber a causa da morte de Robin, ela disse: "Olhando pra trás, vejo o quanto Robin Williams fez parte da minha infância... Meu coração está triste... Minhas orações estão com seus familiares e amigos".

"Estou realmente triste com o falecimento de Robin Williams... A LENDA da comédia, que encheu tantos corações com carinho e risadas... #Descanse em paz, Robin Williams."

Quando soube qual teria sido a causa da tragédia, ela contou sobre sua luta, compartilhando com todos seu propósito de ajudar aos fãs a se sentirem bem com eles mesmos.

"Lutei muito contra uma doença mental, o transtorno bipolar. Não é porque sou uma estrela do pop que é tudo perfeito", assegurou.

O falecido ator lutou por décadas contra seus vícios e a depressão. Demi acredita que a vergonha e o silêncio que rodearam os problemas de Robin o levaram ao ponto em que chegou, e ela afirmou ser a prova viva de que alguém pode amar e viver bem com o transtorno bipolar.

DEMI X PHILIP SEYMOUR HOFFMAN

Demi se sensibilizou com a morte do ator, e desbafou: "Espero que as pessoas percam o estigma e tratem a dependência como doença mortal e séria. As drogas não são algo para glamorizar na música ou para ser mostrado nos filmes como um passatempo. Não é fofo, não é legal e nem admirável".

Para ilustrar o que disse, ela contou sobre o seu vício em cocaína e disse: "Isso não é algo para se brincar. Por que arriscar? Vício é uma doença. Por favor, passem essa mensagem adiante, pois assim poderemos acabar com o

tabu de discutir sobre essa doença e conscientizar pessoas de todas as idades. Descanse em paz, Philip Seymour
Hoffman. Um artista incrível que perdeu a vida para essa
doença. Que você descanse em paz e em completa sereni-
dade agora que sua dor se foi."

DEMI X CORY MONTEITH

Demi também se pronunciou a respeito do ator Cory
Monteith, encontrado morto depois de consumir excesso
de heroína e álcool.

Livre para falar sobre suas dificuldades durante a reabilitação, ela disse que a morte do ator de *Glee* deveria servir
de exemplo para que as pessoas ficassem atentas para esse
tipo de problemas.

"É assustador, mas estou torcendo para que, com isso,
as pessoas vejam que é uma doença muito, muito, muito perigosa", disse em entrevista à *People*. Demi também
falou sobre como os viciados sofrem para se recuperar:
"Só é preciso um momento de vulnerabilidade para que
você seja levado de volta para seu vício. Ele não escolheu
morrer. Foi a doença. Ela pode tomar conta da pessoa a
qualque momento. Basta um momento de recaída para
potencialmente morrer."

O próprio Cory estaria lutando contra o vício, antes de
morrer, e frequentara um grupo de alcoólicos anôninos.
Com a recaída, aconteceu a tragédia, que abalou não só
Demi, como todo o mundo.

DEMI X SUA EQUIPE

Para quem já foi viciado, estar ao lado de pessoas que
usam álcool ou drogas é difícil: o risco de recaída passa a
ser maior.

No caso de Demi, que se tornou praticamente uma ativista contra as drogas, o ideal é que nem cheguem perto dela quando estiverem usando substâncias químicas.

A cantora pretende continuar sóbria, e para isso tomou uma medida que alguns consideram drástica, mas que revela o quanto está disposta a enfrentar a dependência. Ela proibiu o uso de drogas e álcool durante sua turnê.

Para ela, todo mundo em sua equipe é obrigado a ficar sóbrio e focado. E justifica isso com muita clareza e lógica, afinal, todos estão ali a trabalho, e não por diversão.

"Não é uma festa! Trata-se de fazermos o melhor show e todo mundo precisa estar em sua melhor forma", explicou. "E vai ser assim em todas as turnês."

As exigências não referem-se apenas às bebidas. Ela, que mudou os hábitos alimentares, e está seguindo uma dieta saudável, tem exigido um chef de culinária japonesa à sua disposição 24 horas.

Para subir ao palco, Demi mantém seu camarim repleto de alimentos que a favoreçam. Pede sempre que haja muitos morangos e bananas, para se reabastecer rapidamente durante os shows, vegetais de todos os tipos, queijos e pães integrais, vitamina C efervescente, pipoca, sucos, isotônicos, energéticos e chás. Ah, e muitas velas perfumadas para dar paz e beleza ao ambiente.

DEMI X JOE X MILEY

Mesmo com um atual comportamento antidrogas, o histórico e o passado de Demi sempre surgem a público. Mas ela não imaginava que a bomba viesse justamente de um de seus melhores amigos da adolescência, Joe Jonas.

O cantor contou, em um artigo para a revista *New York Magazine* intitulado "Minha vida como um Jonas Bro-

ther": "Fumei maconha pela primeira vez com Demi Lovato e Miley Cyrus. Elas diziam: experimenta! Então eu experimentei e foi tudo bem. Eu não fumo mais. Eu fui pego bebendo quando tinha 16 ou 17 anos, e eu pensei que o mundo ia desabar".

A declaração, evidentemente, não caiu bem para ninguém.

Demi e Miley ficaram possessas com as palavras de Joe, e Miley resolveu fazer uma declaração para colocar os pingos nos is. Em entrevista ao jornal *The New York Times*, disparou: "Se você quer fumar maconha, você vai fumar maconha. Não há nada que duas meninas possam fazer para te levar a fazer o que não quer. Eu pensei que talvez ele estivesse dizendo aquilo para parecer durão. Nós éramos tão jovens que na verdade eu deveria questionar: Como você pode ser pressionado por mim?'".

WILMER VALDERRAMA, COM W

Wilmer Eduardo Valderrama é um ator americano de cinema e televisão, que já interpretou papéis em *That's 70's Show* e apresentou a série *Yo Momma*, na MTV. Mas é conhecido mesmo como namorado de Demi Lovato.

Eles nunca são vistos juntos, e ela jamais confessa ou fala sobre seu relacionamento com ele. Diz que "da última vez que falou sobre um relacionamento, não deu certo" (referência clara ao namoro com Joe Jonas), mas todo mundo sabe que eles estão juntos há algum tempo. Embora em algumas ocasiões ela negue isso, na última entrevista em que falou sobre o assunto, quando perguntada sobre Vilmer, ela disse "Quem é Vilmer?". Quando o entrevistador corrigiu "Wilmer", ela deu risadas descontroladas. Era dele que estavam falando desde o início. E ela evidentemente sabia.

Demi Lovato 147

Demi comemourou seu aniversário de 22 anos ao lado dele, num parque de diversões da Disney (tentando se disfarçar com um capacete de Darth Vader durante o passeio), e Wilmer postou no Twitter uma mensagem na qual não tenta esconder o relacionamento. "Desejar um feliz aniversário a você nunca chegaria perto de todas as coisas inspiradoras que desejo para sua vida. Rimos muito enquanto fazemos tudo o que é possível para melhorar as coisas ao nosso redor. Te amo por tudo."

Mesmo tendo declarado que só vai namorar sério com alguém maduro o suficiente para lidar com suas complexidades emocionais, a cantora afirma que a idade não é um fator preponderante – refere-se, principalmente a um estado de espírito. Ela quer alguém que possa ajudá-la a lidar com sua saúde mental.

Ou seja, se em sua equipe não pode ter ninguém que use drogas ou álcool, em um relacionamento, tem que ser um cara que, ao mesmo tempo, lide com a própria saúde e a ajude com a dela.

"Eu seria um pouco esmagadora para alguém que não está em um nível de maturidade para me apoiar mentalmente", disse ela à revista semanal do jornal *Daily Mail*.

O grande problema de ter namorados famosos, para Demi, é o fato de que, quando o romance acaba, essa informação é pública. Ela tem que lidar não só com o fim do relacionamento, mas com a imprensa, os fãs e os comentários sobre o assunto. Por isso, evita falar e sequer mencionar quando está envolvida com alguém.

Mas muitas vezes as coisas dão errado: já teve supostos momentos íntimos vazando na web. Nas imagens, ela aparece na cama e fazendo poses sexy envolta em lençóis com

Wilmer Valderrama – mas nenhum dos dois falou sobre o assunto.

Porém, quando se trata de defender o namorado, ela mune-se com suas garras e ataca. Quando o site *The Daily Beast* afirmou que Wilmer seria "culturalmente irrelevante" e "sem modéstia", ela escreveu em seu Twitter: "Que elegância de site vocês são. Escrevendo coisas horríveis sobre pessoas que vocês nem conhecem. Vai catar coquinho, gente ignorante."

Recados trocados em redes sociais também indicam o clima. Wilmer escreveu no Twitter : "Você continua a me deixar orgulhoso. Você é a heroína que esta geração esperava. Estarei sempre ao seu lado". Segundo o site *Hollywood Life*, Demi respondeu a mensagem, mas logo depois apagou. A cantora tinha escrito: "Você é o máximo... Muito obrigada pelo seu amor, você significa o mundo para mim".

Também já foi flagrada na Polinésia Francesa ao lado de Wilmer, só de calcinha. Demi não se pronunciou sobre o assunto, mas quando as fotos foram publicadas, ela escreveu em seu Twitter: "Sou forte. Sou uma lutadora. Por isso, não me subestimem".

Enquanto isso, ele se derretia durante a publicação de fotos dela em uma causa humanitária na África: "Eu tenho estado tão orgulhoso da força e comprometimento que você ganhou para a vida. Continue inspirando a todos nós!".

DEMI E OS NAMORICOS

Demi Lovato nunca escondeu de ninguém que gosta de flertar quando está solteira. No Brasil, inclusive, já veio desacompanhada, certa vez, e foi alvo das revistas de fofoca porque teria dado seu telefone a um rapaz desconhecido na praia.

Quando questionada em entrevista, ela afirmou que estava solteira e que podia flertar com quem quisesse – e ressaltou que os brasileiros são muito atraentes.

Mas Demi também coleciona namorados famosos, e casos que não passaram de namoros de verão.

Um deles foi com Zayn Malik, ao lado de quem foi vista inúmeras vezes e – dizem as fofocas – que até a pediu em casamento.

Embora tal versão nunca tenha sido confirmada nem negada por eles, a verdade é que não passou de alguns beijos – apesar de os fãs torcerem para que a moça engatasse uma relação sólida.

Demi também já foi além da amizade com Niall Horan – que inclusive já declarou publicamente sua admiração pela musa.

Ela, que não é boba nem nada, admitiu que os dois ficaram algumas vezes. Mas ao que tudo indica, as coisas não passaram dos beijos despretensiosos.

Em público, ela já disse que ele teria muitas qualidades, é ótimo ouvinte e a faz rir muito. Seriam essas as duas principais características que ela procurava em um homem.

ANEL DA PUREZA

"O amor verdadeiro espera." Esta frase estava escrita no colar usado por Demi Lovato, causando um furor entre fãs do mundo todo. Afinal, o que queria dizer? Seria um voto de castidade? Uma declaração pública de virgindade?

Na época, a cantora não se pronunciou, mas o acessório virou moda entre os jovens da Disney. Miley, Joe, Selena, todos usavam anéis de castidade, ou de pureza, numa declaração explícita de abstinência sexual que se tornou simbólica entre jovens.

Esse acessório surgiu em Baltimore, nos Estados Unidos, em 1994 e teria sido uma iniciativa do pastor americano Danny Patton, preocupado com a sexualidade de suas filhas e com a decadência moral americana. A ideia era que os adolescentes esperassem para viver experiências sexuais em um contexto de fidelidade e compromisso: o casamento.

O lançamento oficial no Brasil aconteceu em maio de 2008, no *Tribal Generation*, um evento realizado na cidade de Uberlândia (MG) que reuniu aproximadamente 4 mil participantes, entre brasileiros e latinos de dezessete países.

Alguns artistas já usaram o símbolo. Os ídolos da Disney, Jonas Brothers se declararam virgens em 2008 ao mostrarem seus anéis: "O anel é uma promessa a nós mesmos e a Deus de que nós seremos puros até o dia em que casarmos", declarou Joe. O mais velho do trio, Kevin, se casou em dezembro de 2009 e substituiu o anel por sua aliança.

Até Miley Cyrus e Justin Bieber já expressaram seu desejo de permanecer puros, embora ambos tenham mudado um pouco de ideia no decorrer da vida.

Amando-se

Autoestima é o que dá segurança à pessoa, a faz acreditar em si mesma, gostar de sua aparência e se sentir segura com seu corpo.

Na adolescência, Demi não era uma pessoa segura. Ela se afetava com as críticas proferidas pelos colegas de escola, a ponto de mudar seus hábitos alimentares, adquirindo transtornos com os quais terá de lutar pelo resto da vida.

Agora a cantora está em equilíbrio. Depois de sair da reabilitação e principalmente depois de perceber que a única pessoa que precisa agradar é a si mesma, Demi tem investido na boa forma, na alimentação saudável, e em um estilo de vida invejável. Além disso, fez as pazes com seu corpo. Em vez de se mutilar, se esconder, ou simplesmente tentar modificá-lo, tentando se encaixar em padrões, ela preferiu apostar no que é de verdade, e vem conquistando fãs e mais fãs que estão absolutamente encantados com sua maneira autêntica de aparecer na mídia.

Os principais indícios de que tudo anda bem, é o Instagram da própria Demi, que vive sendo alimentado por ela mesma, mesmo com a insistência de alguns assessores para que preserve sua vida pessoal.

A palavra da vez é compartilhar, e Demi gosta de compartilhar suas ideias, sua história, sua trajetória e sua vida com quem a segue e a apoia.

Listamos aqui algumas publicações do Instagram nas quais Demi prova estar de bem consigo mesma. Para inspirar, e para mostrar como a vida pode ser surpreendente quando nos amamos.

Demi e seu derrière

A foto em que apostou em empinar o bumbum e mostrar a barriguinha chapada foi um fenômeno absoluto de visualizações. A foto recebeu quase 800 mil curtidas, metade delas na primeira hora.

"Desperdicei muitos anos com vergonha do meu corpo quando eu podia estar vivendo feliz e saudável como vivo hoje. Isso realmente mostra que suas percepções podem mentir para você", declarou a cantora.

This is my "bitch, come at me" walk. Everyone should have one.

Tem que ter autoestima. Tem que ter segurança. Demi é a prova de que uma mulher pode se sair bem em qualquer situação. Arrojada, ela postou em seu Instagram em outubro de 2014 "Esse é meu andar, bitch, venha até mim'. Todo mundo deveria ter um".

Sardas

Ela também já postou fotos sem maquiagem, mas quando postou a foto com a tag "sardas", foi ovacionada pelos fãs, pela coragem em mostrar o que alguns acreditam ser uma imperfeição. Demi não tem medo de ousar, nem de mostrar a cara.

Corpo no sol

Demi levou anos para aceitar seu corpo. E quando o aceitou, resolveu mostrá-lo para o mundo.

Sentindo-se bem consigo mesma, ela aproveita para fazer selfies de biquíni, sempre com discursos ressaltando a autoestima, afirmando que as meninas podem se aceitar, mesmo que tenham algo que não considerèm estar de acordo com os padrões ou medidas impostos.

19
Quem é Demi

Instagram, YouTube, Facebook, Twitter. As redes sociais movimentadas pela cantora deixam claro: a verdadeira Demi não se esconde. Ela poderia ser uma menina comum, daquelas que pintam as unhas e os cabelos de cores diferentes porque sentiram vontade. Mas não é comum.

Demi cresceu com coragem. Não aceitou ficar à mercê do destino e fez uma reviravolta, mostrando quem dá as cartas.

Uma menina que parecia a personagem da Disney e que foi traída, mesmo acreditando no mundo mágico onde todos seriam seus melhores amigos.

Teve que lidar sozinha com problemas que jamais pensou que existissem: medo do futuro, medo das pessoas, insegurança e insatisfação em relação a si mesma.

Alguns podem creditar seus problemas e sua insegurança ao abandono sofrido quando seu pai a deixou. Mas

Demi não se vitimiza, e sempre culpou-se pelos problemas. Sua falta de autoestima e de amor próprio, que só agravaram os episódios de bullying, deixou que seus medos viessem à tona.

Para lidar com eles, a menina teve que crescer, sentir na pele todos os efeitos do mal que causara a si mesma. O bullying se tornara um monstro. E ela foi fundo na automutilação, que não consistia apenas em se cortar, mas também em culpar-se pelo que sentia.

Ela tinha tanto medo de seus sentimentos que passou a tentar anestesiá-los com drogas potentes, em quantidades cada vez maiores.

Mas Demi não queria se afundar. Queria crescer, ser alguém cujas capacidades superassem os supostos defeitos, curar as feridas que tanto tentara esconder.

Ela sabia que uma adolescência por si só já não era fácil: hormônios à flor da pele, e uma série de questões mais difíceis de resolver que um simples problema de física ou matemática.

Com eles, a questão da fama, cujas consequências podem ser aterrorizantes até mesmo para um adulto. Isso se somou ao excesso de trabalho, com uma frequência e dedicação que nem mesmo um alto executivo conseguiria suportar.

Para uma garota com tantos problemas emocionais, uma somatória dessas seria difícil de suportar. Ela aguentou sozinha por muito tempo mas essa bagagem era muito pesada e Demi não aguentou o peso. Só conseguiu sustentá-lo ao dividi-lo com amigos, familiares e fãs.

Assim nasceu uma outra Demi. Mais forte, equilibrada, ciente de seus erros e entendendo como fazer deles um aprendizado para si e para os outros.

Ela não fez apenas sucesso. Fez amigos, compartilhou histórias, deixou sua vida ser esmiuçada e construiu uma história sólida, em que semeia, planta e colhe tudo o que deseja.

Ler e entender a vida e trajetória de Demi Lovato é perceber como podemos transcender nossos limites: simplesmente sendo humanos. Ela se tornou heroína de uma geração ávida por bons exemplos e por pessoas que a guiem. Na arte, na música e na vida pessoal, ela faz com maestria o que muitos veteranos jamais fizeram.

A história de Demi traz aquele gostinho de "o que será que vem depois?", aquele gostinho de "quero mais". E, apesar de inconstante e imprevisível, ela é alguém em quem se pode confiar de olhos fechados. Aquele tipo de amiga para todas as horas, que qualquer um iria querer por perto. Com seu sorriso contagiante, conquistou o mundo e não deixa vestígios de amargura do passado.

Demi atravessou uma noite escura, e parece ter saído da escuridão com ainda mais luz própria para iluminar tudo por onde passa.

Suas turnês são um espetáculo. A música, a voz, o jeito, o carisma da estrela fazem qualquer pessoa sair da cadeira.

Demi ganhou o mundo. Saiu do Texas, enfrentou câmeras, ousou ser ela mesma e mostrar seu maior talento.

Quando tiver qualquer medo, faça como ela: permaneça forte. E veja quantas coisas uma pessoa pode conquistar sendo ela mesma. A maior arma de Demi é essa: ser ela mesma.

Seu legado é sua música, suas letras e suas mensagens. Por onde passar, ela vai sempre incendiar com sua contagiante alegria de viver.

A vida celebra Demi Lovato.

Gregg DeGuire / Contributor

Este livro foi composto nas fontes Museo, Electra LH, Steelfish
e impresso em papel *Off Set* 90 g/m² na Assahi.